Ruth Laing

DAS NÄH' ICH MIR

urania

Accessoires und Geschenke, die glücklich machen

Tipps und Tricks

Für mich

Für Kids

Für mein Zuhause

Für die Reise

Tipps und Tricks

Aufbau der Nähanleitungen

Zu jedem Modell finden Sie in diesem Buch eine ausführliche Anleitung, die aus einer kurzen **Einkaufsliste**, einem exakten **Zuschnittplan** bzw. einer Auflistung der zu kopierenden Schnittteile, einem **Einleitungstext** und der **Nähanleitung** besteht. Die Nähanleitung führt Sie Schritt für Schritt zur erfolgreichen Umsetzung des Modells.
Zu fast jedem Verarbeitungsschritt finden Sie eine erklärende Zeichnung oder ein Detailfoto.

Tipps und Tricks

Einkaufsliste

Zuschnittplan

Einleitungstext

Tipps und Tricks

Einkauf

Unter der Rubrik **„Einkauf"** sind alle Materialien aufgelistet, die Sie speziell zur Herstellung dieses Modells benötigen.
Bei allen Stoffen, Bändern etc. wurden zum eigentlichen Stoffverbrauch immer einige Zentimeter zusätzlich hinzugerechnet, da der Stoff in den Geschäften nicht immer exakt im Fadenlauf zugeschnitten wird und es dadurch zu Problemen beim Zuschnitt kommen könnte.
Weitere Hilfsmittel, wie beispielsweise Nähgarn, Schneiderkreide, Nadeln, Lineale sowie extrem kleine Stoff- und Vlieselinereste, werden nicht in jeder Anleitung gesondert erwähnt oder aufgeführt.

Tipps und Tricks

Tipps und Tricks

Zuschnitt

Bei manchen Modellen benötigen Sie ausschließlich rechteckige oder quadratische Stoffstücke. Die Größe und Anzahl dieser Schnittteile entnehmen Sie der Rubrik „**Zuschnitt**". Wenn es sich um sehr aufwendige Modelle handelt, finden Sie auf der folgenden Seite eine ausführliche Auflistung oder ggf. auch eine Zeichnung. Wenn Sie ein Schnittteil zweimal benötigen, falten Sie es so, dass die rechten Stoffseiten innen liegen, stecken dann das Schnittmuster darauf fest und schneiden somit das Teil zweimal zu.

Für einige Modelle benötigen Sie ein Schnittmuster, welches Sie auf den Seiten 130 - 137 finden. Diese Schnittmuster pausen Sie ab oder Sie kopieren die entsprechende Seite. Das ausgeschnittene Schnittmuster legen Sie dann auf das entsprechende Stoffstück und schneiden es laut Beschriftung zu. Beachten Sie die Angaben **Fadenlauf**, **Stoffbruch** oder **Zusammensetzlinie**. Entlang dieser Linie müssen zwei Schnittmusterteile durch einen Klebestreifen aneinandergeklebt werden.

Alle Maßangaben enthalten ringsum 1 cm Nahtzugabe. Auch bei allen Schnittmustern ist die Nahtzugabe von 1 cm bereits inbegriffen.

Tipps und Tricks

Einige Begriffserklärungen

Nahtzugaben: Jede Maßangabe und auch jedes Schnittmuster enthält bereits 1 cm Nahtzugabe. Dabei handelt es sich um den Bereich zwischen der genähten Linie und der Stoffkante. Bei einer fertig genähten Naht werden die Nahtzugaben nach jedem Arbeitsschritt auseinandergebügelt.

Rechte und linke Stoffseite: Bei fast allen Stoffen gibt es eine rechte und eine linke Stoffseite. Bei der rechten Stoffseite handelt es sich um die Vorderseite des Stoffes, die nach der Fertigstellung des Modells von außen sichtbar ist. Die linke Stoffseite liegt dann innen.

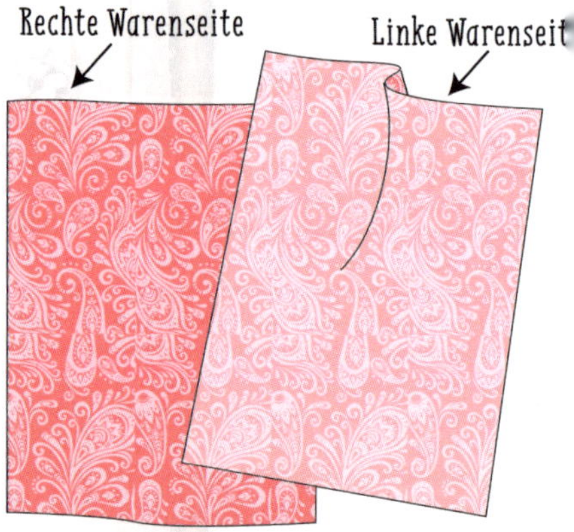

Versäubern: Alle Stoffkanten sollten vor dem Nähen versäubert werden, damit sie nicht ausfransen. Hierzu stellen Sie an Ihrer Nähmaschine einen Zick-Zack-Stich ein. Testen Sie das Versäubern zunächst an einem Probestück und stellen Sie die richtige Stichgröße und die passende Fadenspannung ein. Werden zwei Stoffstücke miteinander verstürzt, ist das Versäubern der Kanten nicht notwendig.

Einige Begriffserklärungen

Bügeln: Nach dem Zusammennähen zweier chnittteile sollten die Nahtzugaben stets auseiandergebügelt werden, denn nur so erzielen Sie ein ptisch ansprechendes Ergebnis. Bügeln Sie die Nähte tets von der linken Stoffseite aus. Zum Bügeln auf er Vorderseite sollte man, besonders bei dunklen toffen, ein Bügeltuch benutzen. Verwenden Sie nach öglichkeit ein Dampfbügeleisen.

olumenvlies: Beim Volumenvlies handelt s sich um ein dickeres Faservlies, welches entweder nnerhalb der Nahtzugaben aufgesteppt oder mit inem Bügeltuch auf die linke Stoffseite aufgebüelt werden kann. Als Schicht zwischen zwei Stoffagen wird es häufig zum Nähen von Patchworkecken, aber auch für Taschen, i-Pad-Hüllen, Kinderekleidung etc. verwendet.

lieseline: Zur Verfestigung bestimmter chnittteile (Taschenklappen, Blenden) und zur ersteifung von dünnen Stoffen benutzt man lieseline. Dabei handelt es sich um ein Faservlies mit iner rückseitig aufgebrachten Klebeschicht, die sich urch das Erwärmen mit einem Bügeleisen verflüssigt nd so am Stoff kleben bleibt. Benutzen Sie zum ufbügeln immer ein Bügeltuch.

Perfekte Nähergebnisse

Verstürzen: Beim Verstürzen zweier Schnittteile liegen die rechten Stoffseiten innen. Man steppt die Kanten aufeinander, schneidet von der Nahtzugabe die Ecken ab oder die Rundungen bis zur Nahtlinie ein. Anschließend wendet man die Schnittteile auf die rechte Seite. Die Nähte werden dann mit den Fingerspitzen ausgerollt und sorgfältig flachgebügelt.

Ecken abschneiden: Vor dem Verstürzen zweier Schnittteile sollte man die Nahtzugaben in den Ecken unbedingt schräg abschneiden. So befindet sich wesentlich weniger Stoff im Inneren des genähten Teils und die Konturen lassen sich besser ausformen.

Rundungen einschneiden: Weisen zu verstürzende Schnittteile Rundungen auf, sollten Sie die Nahtzugaben unbedingt bis zur Steppnaht einschneiden. Bei stark ausgeformten Rundungen schneiden Sie kleine Dreiecke heraus. Die Stofflagen können sich dann nach dem Wenden übereinanderlegen und die runde Kante kann ohne Probleme von rechts flachgebügelt werden.

Perfekte Nähergebnisse

Für mich

Kulturtäschchen

Baumwollstoff: 30 cm x 60 cm
Baumwollfutter: 30 cm x 40 cm
Vlieselinerest
Reißverschluss: 18 cm

1 **Taschenteil**: 29,5 cm x 18,5 cm
1 **Futterteil**: 29,5 cm x 18,5 cm
2 **Taschenseitenteile**: Nr. 1
2 **Futterseitenteile**: Nr. 1
1 **Schrägstreifen**: 3,8 cm x 51 cm
2 **Schrägstreifen**: 3,8 cm x 31 cm
1 **Blende**: 8 cm x 5 cm

Diese kleine Kulturtasche bietet ausreichend Platz für alle notwendigen Schminkutensilien, die Sie immer dabei haben möchten.
Sie ist **19 cm x 15 cm** groß, passt in jede größere Handtasche, und somit sind Lippenstift & Co stets griffbereit. Die seitlichen Kanten sowie die obere Reißverschlusskante werden mit Schrägband eingefasst. Zur Herstellung von Schrägbändern sollten Sie ein Geodreieck verwenden und die Streifen im 45°-Winkel zur Stoffkante zuschneiden. Der schräge Zuschnitt gewährleistet, dass sich der Streifen allen Kanten und Rundungen exakt anpasst.

So funktioniert's

Zuschnitt: Das Seitenteil Nr. 1 aus der Schnittmusterseite 135 kopieren, ausschneiden und aus den entsprechenden Stoffen zuschneiden. Die übrigen Stoffe laut Auflistung zuschneiden. Die Schrägstreifen im Winkel von 45° zur Stoffkante zuschneiden.

Vorbereitung

Das äußere Taschenteil sowie die äußeren Seitenteile bei dünnen Stoffen mit Vlieseline bekleben.

Verarbeitung

1. Äußeres Taschen- und Futterteil 1-2 mm breit links auf links aufeinandersteppen.

2. Jeweils ein äußeres Seitenteil und ein Futterseitenteil rechts auf rechts stecken und entlang der oberen Kante aufeinandernähen. Die Nahtzugaben auf 2-3 mm zurückschneiden. Die beiden Teile links auf links falten, entlang der oberen Kante überbügeln und füßchenbreit absteppen. Anschließend die beiden Teile an den Außenkanten knappkantig aufeinandersteppen.

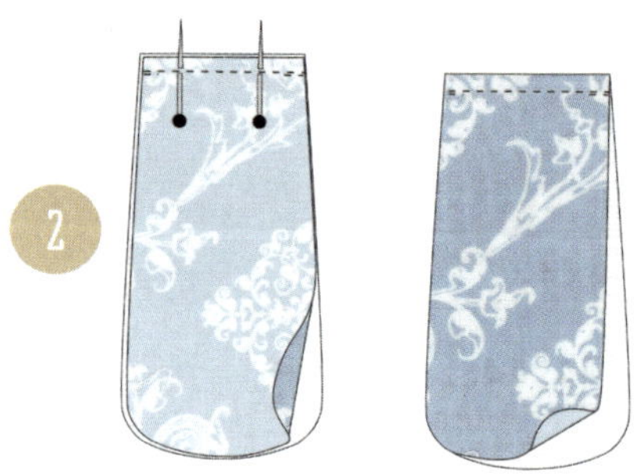

3. An den Seitenteilen sowie am Taschenteil die untere Mittellinie markieren. Anschließend die Seitenteile entsprechend der Mittellinienmarkierungen an das Taschenteil nähen.

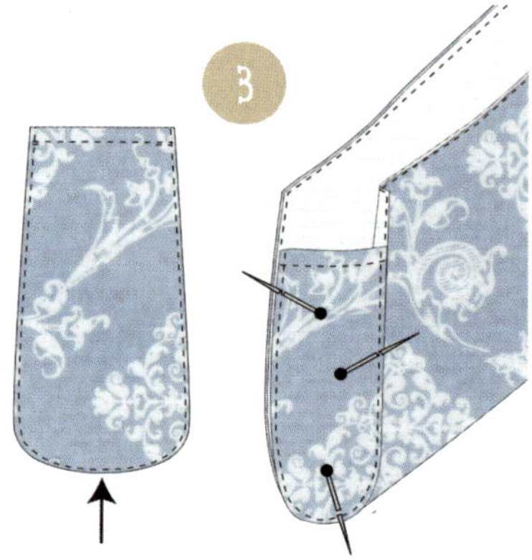

4. Schrägbänder: Die Schrägbänder an den beiden langen Seiten zunächst 7 mm nach links umbügeln, dann den gesamten Streifen nochmals links auf links bügeln.

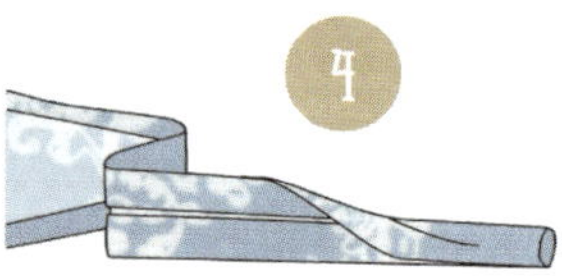

5. Den Schrägstreifen aufklappen und innerhalb der Bügellinie füßchenbreit an die äußeren Kanten der zusammengenähten Teile steppen.

Anschließend den Schrägstreifen um die Kanten legen und die andere Seite des Streifens von Hand annähen. Die überschüssige Länge an der oberen Kante bündig abschneiden.

5

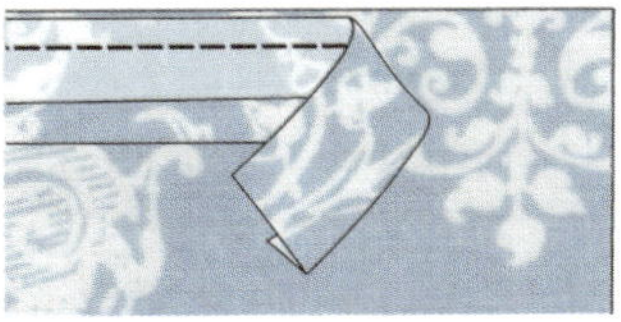

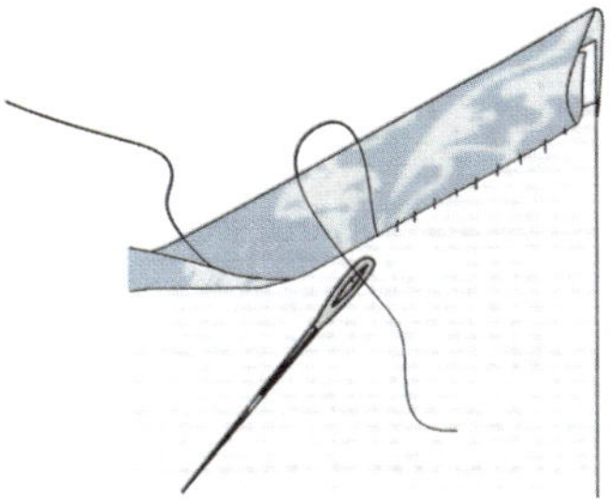

6. Reißverschluss: Den Reißverschluss mit der rückwärtigen Seite an die obere, innere Taschenkante steppen. Auch diese Kante wieder mit Schrägband einfassen. Hierzu den Schrägstreifen über die beiden Reißverschluss- und Stoffkanten schieben und knappkantig mit der Nähmaschine feststeppen. An einer Seite bleibt eine Schlaufe von 8 cm aus Schrägband stehen, auf der gegenüberliegenden Seite lassen Sie den Einfassstreifen jeweils ca. 3 cm überstehen.

7. Blende: Den kleinen Stoffstreifen für die Reißverschlussblende quer zu den 8 cm langen Seiten rechts auf rechts falten, dann die Kanten aufeinandernähen, die Nahtzugaben anschließend zurückschneiden und das Teil wenden.
Die offenen Kanten 1 cm nach links einschlagen, die Blende über die Enden des Einfassstreifens schieben und das kleine Stoffquadrat ringsum festnähen.

6

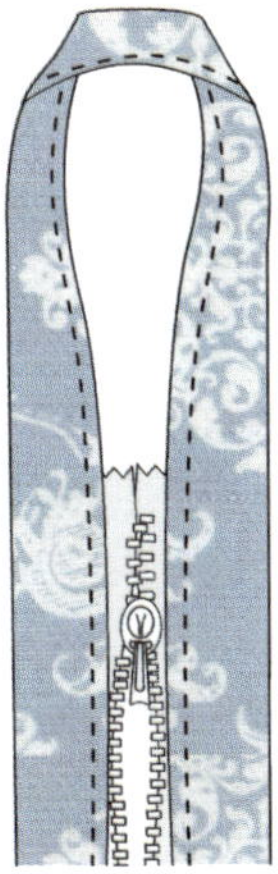

6

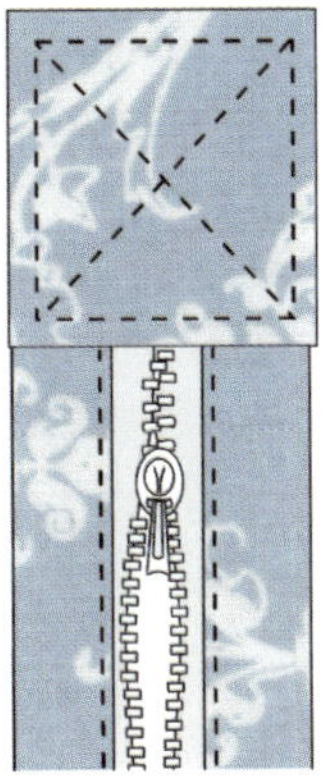

7

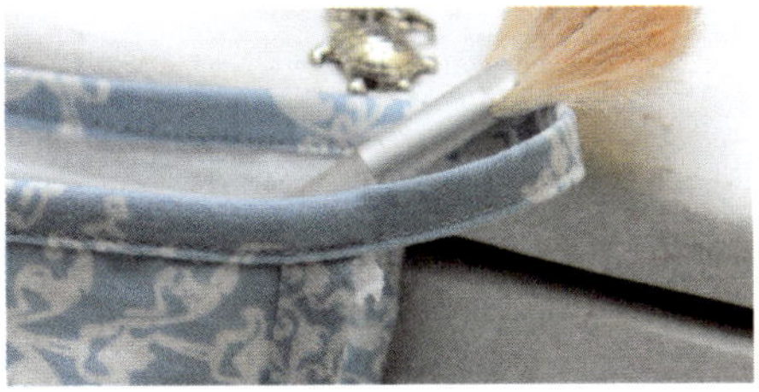

Schlüsseletui

Dieses kleine und farbenfrohe Schlüsseletui **(5 cm x 9 cm)** wird aus nur zwei kleinen Stoffresten und einem Stück Vlieseline genäht. Geschlossen wird es dann mit einem Mini-Druckknopf, der sich sicherlich in Ihrem Nähkörbchen finden lässt. Fertigen Sie sofort mehrere Varianten an, somit findet jedes Familienmitglied im Handumdrehen seinen Schlüssel. Verwechslung ausgeschlossen!

So funktioniert's

Zuschnitt: Das Schnittmuster Nr. 25 aus Seite 137 kopieren, ausschneiden und laut Beschriftung den Stoff zuschneiden.

Vorbereitung

Den Stoff für die Vorderseite des Schlüsseletuis mit Vlieseline verstärken.

Verarbeitung

1. **Schlaufe:** Die beiden langen Seiten des Stoffstreifens rechts auf rechts aufeinandersteppen und die Nahtzugaben auf 2 mm zurückschneiden. Die Stoffschlaufe wenden, die Kanten bügeln und laut Markierung auf dem Schnittmuster auf die rechte Vorderseite des Etuis stecken und innerhalb der Nahtzugabe festriegeln.

1

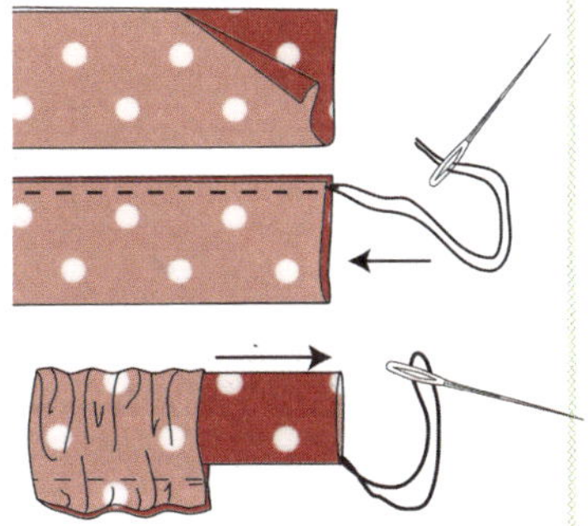

1

2. **Verstürzen:** Die beiden Schnittteile rechts auf rechts aufeinandersteppen, dabei an einer Seite eine ca. 3-4 cm lange Öffnung frei lassen. Die Nahtzugaben auf 2-3 mm zurückschneiden, die Rundungen vorsichtig bis zur Nahtlinie einschneiden. Die Schnittteile wenden, die Kanten vorsichtig mit den Fingern herausrollen und das Teil bügeln.
Die Öffnung mit einigen Handstichen zunähen.

2

3. **Druckknöpfe:** Die Druckknöpfe laut Schnittmuster und Packungsbeilage einschlagen.

4. Den Schlüsselring durch die Schlaufe fädeln.

Baumwollstoffreste
feste Vlieselinereste
kleinen Druckknopf
Schlüsselring

Aus Baumwollstoff
2 Etuiteile: Nr. 25
1 Schlaufe: 4 cm x 5 cm

Aus Vlieseline
1 Etuiteil: Nr. 25

Handyhülle

Baumwollstoffreste
aufbügelbares Volumenvlies
Zackenlitze
Wäscheknopf

2 obere Außenteile: 11,5 cm x 9,5 cm
1 mittl. Außenteil: 11,5 cm x 14 cm
1 Innenteil: 11,5 cm x 29 cm
Vliesschicht: 11,5 cm x 29 cm
1 Schlaufe: 10 cm x 3,8 cm

Diese Handyhülle **(14 cm x 9 cm)** im flotten Mustermix ist weich wattiert und schützt das Handy somit zuverlässig vor Stößen jeglicher Art. Genäht wurde es aus drei kleinen Baumwollstoffresten für die Außenseite und einem durchgängigen Stoffstück für die Innenseite. Dazwischen befindet sich eine Schicht dünnes Volumenvlies. Geschlossen wird die Handyhülle mit einer Schlaufe und einem einfachen Wäscheknopf. Wer die Außenseite kreativ gestalten möchte, näht auf die Teilungsnaht eine Zackenlitze oder andere schmückende Bänder. Stimmen Sie die Größe der Hülle auf Ihr Handy ab und nehmen Sie bei Bedarf Änderungen vor.

So funktioniert's

Zuschnitt: Die Schnittteile laut Auflistung exakt zuschneiden. Den Schrägstreifen für die Schlaufe im Winkel von 45° zur Stoffkante zuschneiden.

Vorbereitung

Auf das innere Taschenteil Volumenvlies aufbügeln. Benutzen Sie dazu ein Bügeltuch.

Verarbeitung

1. Teilungsnähte: Die drei Schnittteile für die Vorderseite jeweils rechts auf rechts aneinandernähen, die Nahtzugaben auseinanderbügeln.

2. Zackenlitze: Auf die Nähte eine Zackenlitze oder ein anderes Schmuckband aufnähen.

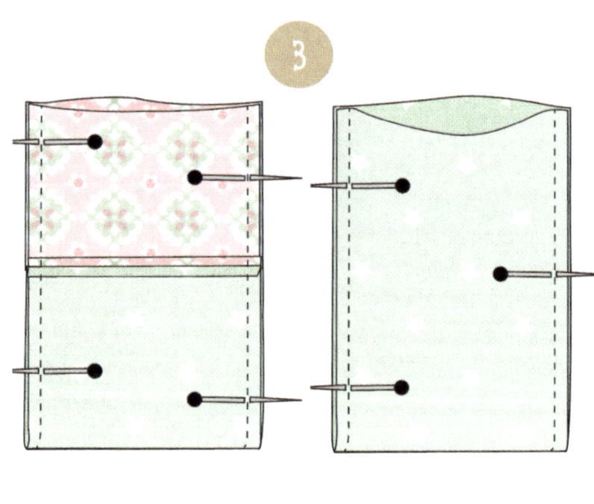

3. Seitennähte: Jeweils die Innen- und die Außenseite der Handyhülle rechts auf rechts legen und die seitlichen Kanten aufeinandernähen. Achten sie darauf, dass die Teilungsnähte exakt aufeinandertreffen. Anschließend die Nahtzugaben an den Ecken schräg abschneiden, das Außenteil auf die Vorderseite wenden und die Kanten flachbügeln.

4. Schlaufe: Den Stoffstreifen für die Schlaufe an den langen Seiten rechts auf rechts falten und füßchenbreit aufeinandersteppen. Anschließend die Nahtzugabe auf 2 mm zurückschneiden.
Einen doppelt gelegten Zwirn oder Knopflochgarn in eine Stopfnadel einfädeln und mit einigen Stichen an der Nahtzugabe festnähen. Dann die Nadel mit der stumpfen Seite voran durch den Stoffschlauch schieben und laut Zeichnung wenden, die Kanten anschließend bügeln. Innere und äußere Handyhülle links auf links ineinanderschieben.

4

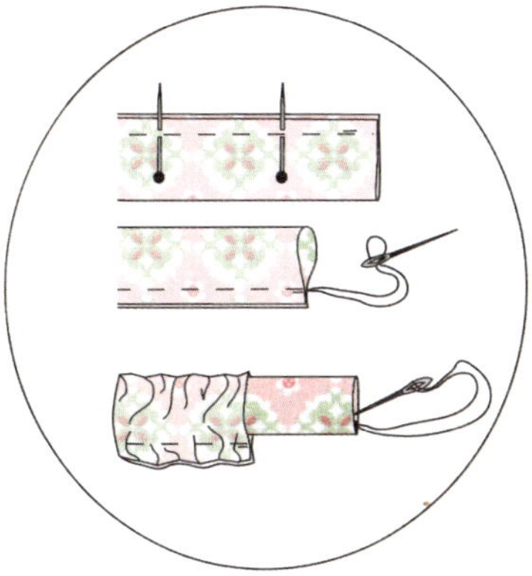

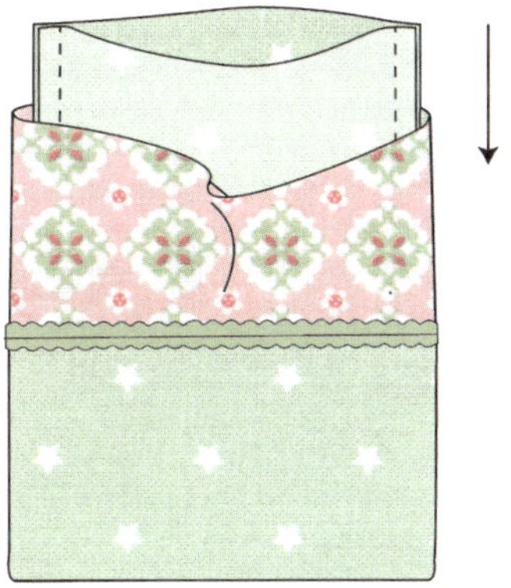

5. Obere Kante: Die Nahtzugaben von innerer und äußerer Handyhülle entlang der oberen Kante gegeneinander einschlagen.
Die Schlaufe in der Mitte der äußeren Handyhülle feststecken. Die gesamte obere Kante nun mit kleinen Handstichen oder mit der Nähmaschine feststeppen, die Schlaufe dabei mitfassen.

5

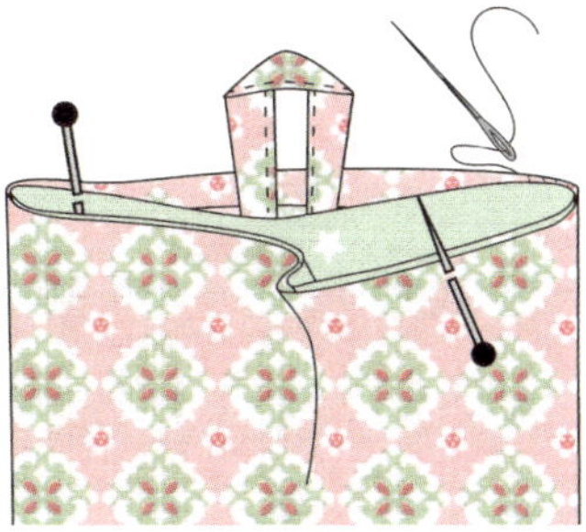

6. Knopf: Den Knopf laut Zeichnung mit einem Steg auf der Vorderseite der Handyhülle festnähen.

6

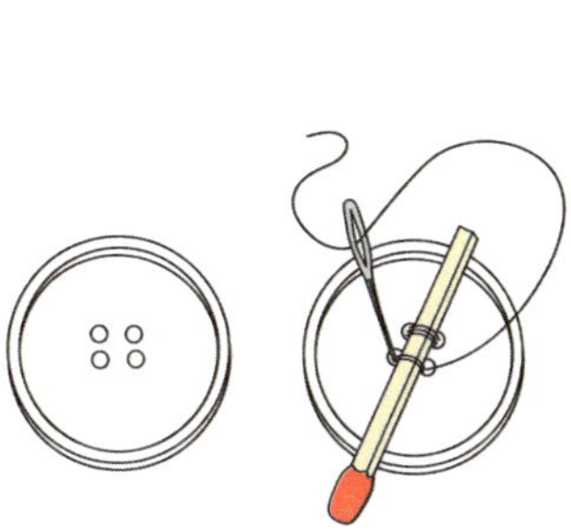

Schmuckrolle

Baumwollstoff: 35 cm x 1,40 m
Vlieseline: 31 cm x 50 cm
Volumenvlies: 25 cm x 35 cm
2 Reißverschlüsse: 16 cm
12 Häkelgarnfäden: je 70 cm
2 Perlen
1 großer Annähdruckknopf

Der Zuschnitt der einzelnen Schnittteile ist sehr umfangreich. Eine detaillierte Auflistung finden Sie auf der folgenden Seite.

Diese Schmuckrolle **(20 cm x 12 cm)** ist der perfekte Reisebegleiter, denn hier finden Halsketten, Ohrringe und andere Kleinigkeiten ihren Platz, ohne sich zu verknoten oder in großen Taschen verloren zu gehen. Die Bänder zum Schließen der Schmuckrolle wurden aus Häkelgarn geflochten. Finden Sie keinen Reißverschluss in der angegebenen Länge, können Sie einen längeren kaufen und auf das entsprechende Maß kürzen. Benutzen Sie zum Einnähen des Reißverschlusses unbedingt das Reißverschlussfüßchen ihrer Nähmaschine.

So funktioniert's

Zuschnitt: Schneiden Sie alle Schnittteile laut unten stehender Auflistung exakt zu.

Baumwollstoff
1 Innenseite: 22 cm x 31 cm
1 Außenseite: 22 cm x 31 cm
2 Reißverschlusstaschenrückseiten: 22 cm x 22 cm
2 Reißverschlusstaschen/unten: 22 cm x 9 cm
2 Reißverschlusstaschen/oben: 22 cm x 5 cm
1 Ringband: 18 cm x 6 cm
1 Ringband: 6 cm x 6 cm

Vlieseline
1 Innenseite: 22 cm x 31 cm
1 Reißverschlusstaschenrückseite: 22 cm x 22 cm
2 Reißverschlusstaschen/unten: 22 cm x 9 cm
2 Reißverschlusstaschen/oben: 22 cm x 5 cm

Volumenvlies
1 Innenseite: 22 cm x 31 cm

Spitze
1 Spitze: 18 cm x 1,5 cm
1 Spitze: 6 cm x 1,5 cm

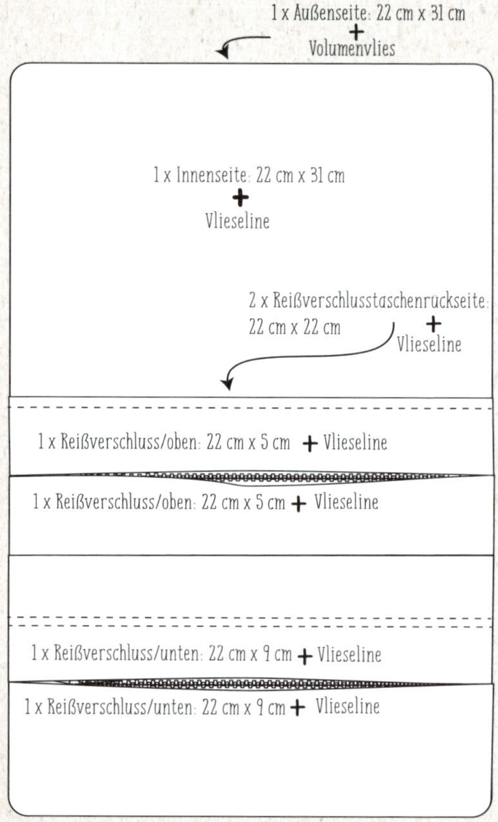

Vorbereitung: Die **Innenseite** der Schmuckrolle (22 cm x 31 cm), die **Reißverschlusstaschenrückseite** (22 cm x 22 cm) sowie die **vier Reißverschlusstaschenteile** auf der linken Stoffseite mit **Vlieseline** bekleben. Auf die **Außenseite** der Rolle das **Volumenvlies** innerhalb der Nahtzugaben aufsteppen oder aufbügeln. Benutzen Sie dazu immer ein Bügeltuch.

Verarbeitung

1. Kordeln: Aus jeweils sechs dickeren Baumwollfäden (Häkelgarn) ein Zopfband flechten. Eine Perle über das Band ziehen und die Bandenden verknoten.

2. Ringband: Für das Ringband den 18 cm langen Stoffstreifen der Länge nach rechts auf rechts falten und aufeinandersteppen. Die Nahtzugaben auf 2 mm zurückschneiden. Den Stoffstreifen laut Zeichnung wenden, die Kanten bügeln. Ein kurzes Ende 1 cm weit nach innen einschlagen und mit einigen Handstichen zunähen. Das kurze Ringband genauso arbeiten. Das Spitzenband knappkantig auf das Ringband aufnähen.

3. Reißverschlusstaschen:

a) Die Schnittteile für die obere Reißverschlusstasche rechts auf rechts legen und an den langen Seiten jeweils 3 cm zunähen. Die Nahtzugaben auseinanderbügeln. Diesen Arbeitsgang auch für die untere Reißverschlusstasche durchführen.

b) Je einen Reißverschluss unter die Öffnung der Taschenschnittteile legen, mit einem Heftfaden vorheften und unter Zuhilfenahme eines Reißverschlussfüßchens mit der Maschine festnähen. Die Heftfäden entfernen.

c) Die beiden Reißverschlusstaschen an ihren langen Kanten rechts auf rechts aneinandernähen. Die Nahtzugaben auseinanderbügeln.

d) Die beiden Schnittteile für die Rückseite der Reißverschlusstasche links auf links stecken und die unteren Ecken mithilfe eines Glases abrunden. Dann die Schnittteile ringsum 1–2 mm breit aufeinandernähen.

1

2

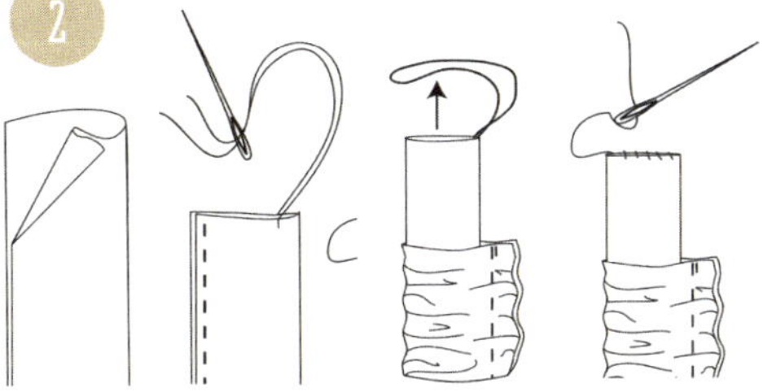

3a

3c

3b

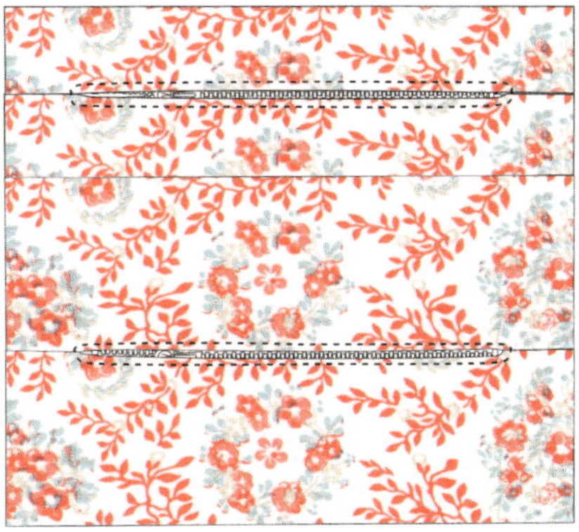

e) Das aufeinandergesteppte, rückwärtige Reißverschlusstaschenteil (weißes Schnittteil) nun auf die Vorderseite der Reißverschlusstasche legen und entlang der oberen Kante rechts auf rechts feststeppen. Die Nahtzugaben auf 3 mm zurückschneiden, das Teil nach hinten umschlagen, bügeln und entlang der oberen Kante knappkantig absteppen.

f) Die unteren Ecken nun auch am Reißverschlussteil abrunden. Anschließend die Kanten beider Teile (vorderer und hinterer Reißverschlusstasche) ebenfalls knappkantig, 1–2 mm breit, aufeinandersteppen.

g) Damit zwei Reißverschlusstaschen entstehen, den Bereich zwischen den beiden Reißverschlüssen mittig mit zwei Nähten absteppen.

4. Ringband: Die beiden Enden der Ringbänder 3,5 cm von der unteren Kante entfernt, innerhalb der Nahtzugaben, auf die Reißverschlusstasche nähen.

5. Bindebänder: Die geflochtenen Bindebänder mittig an der oberen Taschenkante festriegeln.

6. Innen-/Außenseite: Die abgerundeten Ecken des Reißverschlussteils auch auf das Innenteil übertragen und den überstehenden Stoff abschneiden. Die fertige Innentasche nun ebenfalls kantengleich und innerhalb der Nahtzugaben auf das innere, große Taschenteil steppen.

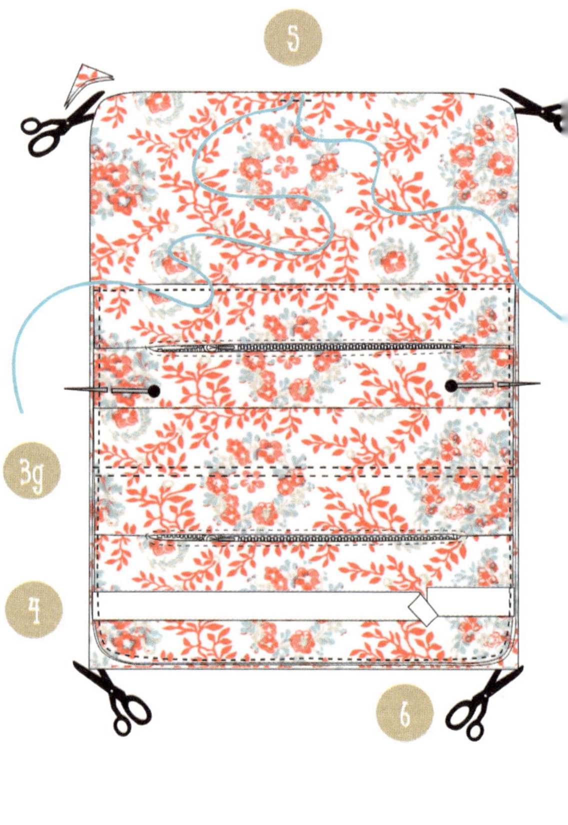

7. Verstürzen: Inneres und äußeres Taschenteil rechts auf rechts aufeinandersteppen, dabei an der unteren Kante eine ca. 12 cm breite Öffnung zum Wenden frei lassen. Nach dem Steppen die Nahtzugaben auf 2-3 mm zurückschneiden, an den Rundungen ggf. bis zur Nahtlinie einschneiden. Das Teil wenden, die Kanten ausrollen und überbügeln.
Die Öffnung mit einigen Handstichen zunähen.

8. Druckknopf: Den Druckknopf von Hand an die beiden überlappenden Ringbänder nähen.

7

Stiftemäppchen

Wachstuchreste
Reißverschluss: 22 cm

2 Vorderteile: 6 cm x 25 cm
2 Rückseiten: 11,3 cm x 14,5 cm
1 Rückseite: 11,3 cm x 6 cm
2 Blenden: 11,3 cm x 6 cm
1 Schlaufe: 3,5 cm x 10 cm

Einige Stoffreste oder eine alte Tischdecke aus Wachstuch und ca. 10 Nähte führen zu einem so hübschen Resultat. Das Stiftemäppchen ist schnell gemacht und auch als kleines Geschenk ein tolles Mitbringsel. Wachstuch lässt sich nur bedingt oder gar nicht bügeln! Stellen Sie Ihr Bügeleisen auf eine niedrige Bügeltemperatur ein und benutzen Sie unbedingt ein Bügeltuch. In den meisten Fällen wird es aber nötig sein, dass Sie stattdessen die Nähte mit dem Fingernagel oder mit einer Schere glattstreichen.

So funktioniert's

Zuschnitt: Schneiden Sie alle Schnittteile laut Auflistung exakt zu.

Verarbeitung

1. Reißverschluss: Den Reißverschluss mit der Oberseite auf die rechte Seite der beiden Vorderteile steppen. Hierzu unbedingt das Reißverschlussfüßchen Ihrer Nähmaschine einsetzen! Nach dem Einnähen des Reißverschlusses sollte die Gesamtbreite der Vorderseite 11,3 cm betragen. Das entspricht der Breite der Rückseite.

1

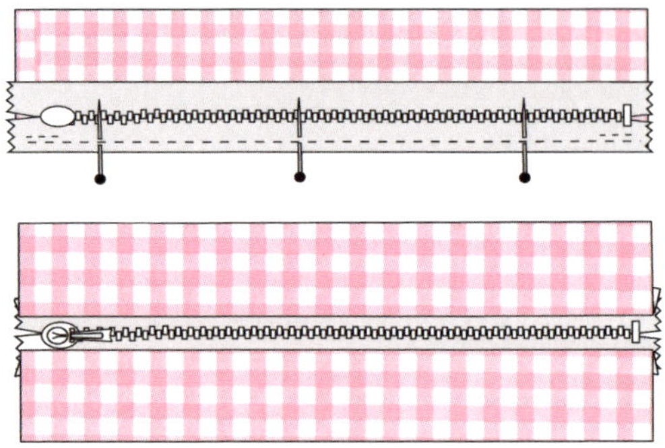

2. Schlaufe: Den Stoffstreifen für die Schlaufe an den beiden langen Seiten ca. 0,7 cm links auf links falten, dann nochmals mittig falten und knappkantig von der rechten Seite übersteppen.

2

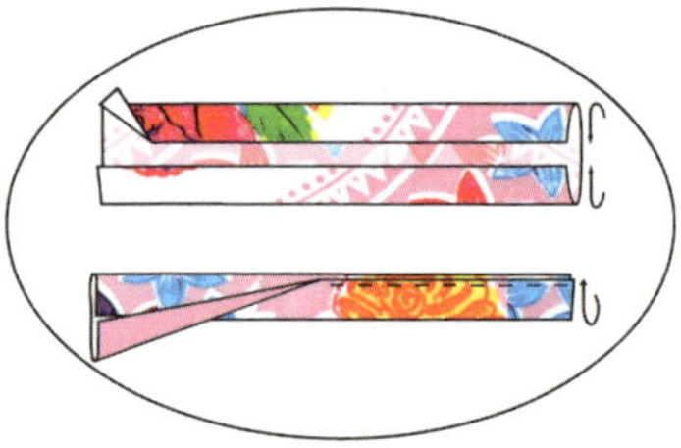

3. Blenden: Die beiden Blenden der Länge nach links auf links falten und mit den offenen Kanten knappkantig an die kurzen Seiten des Vorderteils steppen. Die zur Hälfte gefaltete Schlaufe ebenfalls festriegeln.

3

4. Teilungsnähte: Die Schnittteile für die Rückseite rechts auf rechts aneinandersteppen, die Nahtzugaben auseinanderstreichen.
Die fertige Rückseite an die beiden kurzen Seiten der Vorderseite nähen (Rückseite ist länger!).

5. Seitennähte: Nun die überschüssige Länge der Rückseite an beiden Enden gleichmäßig ausrichten und die Seitennähte steppen, dabei den Reißverschluss unbedingt öffnen!

6. Das fertige Stiftemäppchen durch den offenen Reißverschluss wenden.

4

6

5

Sammelmäppchen

Baumwollstoffreste
Folienrest
Vlieseline
vorgefalztes Schrägband: 25 cm

Baumwollstoff
1 Außenseite: 12 cm x 18 cm
1 Innenseite: 12 cm x 18 cm
Tischdecken-/Klarsichtfolie
2 Einschubteile: 12 cm x 6 cm
Vlieseline: 12 cm x 18 cm
2 Schrägstreifen: 12 cm

Ob zum Sammeln kleiner Bildchen, Kärtchen oder Visitenkarten, dieses Sammelmäppchen **(8 cm x 10 cm)** schafft Ordnung und Übersicht.
Die beiden Einschubteile bestehen aus kleinen Stückchen Tischdeckenfolie. Ersatzweise kann man aber auch auf stabile Folien von Klarsichthüllen oder Schnellheftern zurückgreifen. Achten Sie beim Zusammenstecken der Folienschnittteile darauf, dass die Einstiche der Nadeln später nicht sichtbar sind.

So funktioniert's

Zuschnitt: Schneiden Sie alle Schnittteile laut Auflistung exakt zu.

Vorbereitung

Den Rückseitenstoff des Sammelmäppchens auf der linken Stoffseite mit Vlieseline bekleben. Benutzen Sie dazu ein Bügeltuch.

Verarbeitung

1. Schrägband: Das vorgefalzte Schrägband jeweils über die lange Seite der Folien schieben, die breitere Kante liegt dabei unten.
Den Stoffstreifen knappkantig feststeppen.

2. Einschubfächer: Die beiden eingefassten Folienschnittteile laut Zeichnung auf die rechte Seite des Innenteils stecken und knappkantig, also 1-2 mm breit, feststeppen.

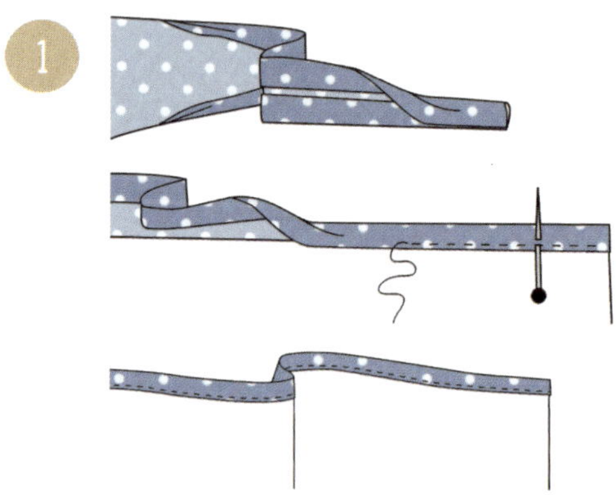

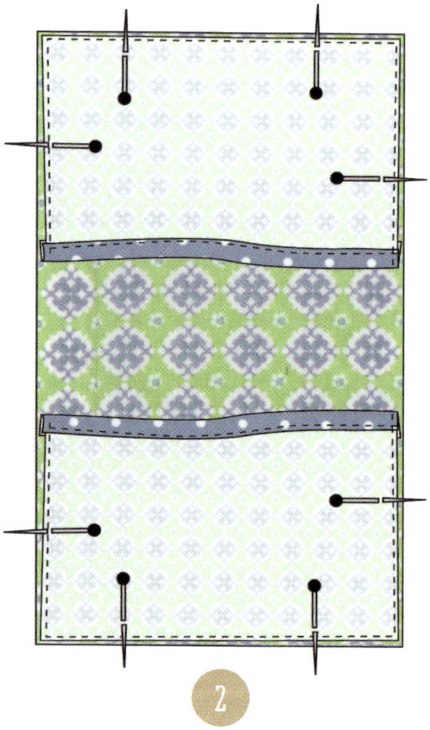

3. Verstürzen: Vorder- und Rückseite rechts auf rechts aufeinanderstecken und entlang der äußeren Kanten aufeinandernähen. An einer Seite lassen Sie eine 4,5 cm breite Öffnung zum Wenden frei. Die Ecken der Nahtzugaben schräg abschneiden, anschließend die Sammelmappe durch die Öffnung wenden. Die Kanten vorsichtig mit einem Bügeltuch und niedriger Bügeleisentemperatur flachbügeln oder mit dem Fingernagel glattstreichen.
Die Öffnung mit einigen Handstichen zunähen.

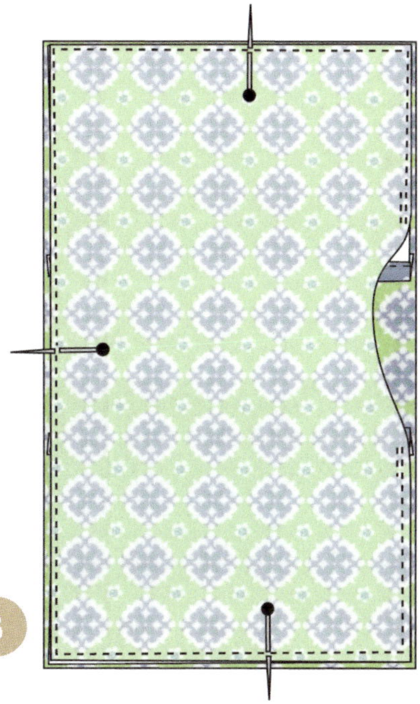

3

Shopper

Dekostoff: 1 m x 50 cm
Baumwollstoff: 1 m x 40 cm
Vlieseline: 1 m x 50 cm
Taschengriffe: 60 cm lang
Knopflochgarn
dicke Stopfnadel

Dekostoff/Außenseite (B x H):
2 Taschenteile: 49 cm x 44 cm

Baumwollstoff/Innenseite (B x H):
2 Taschenteile: 49 cm x 35 cm

Vlieseline
2 Taschenteile: 49 cm x 44 cm

Ein grober, dicker Dekostoff ist das ideale Material für diese außergewöhnliche Shoppingtasche **(47 cm x 30 cm)**. Diese Stoffe finden Sie in Enrichtungshäusern, Dekoläden oder Gardinengeschäften. Der hier verwendete Stoff war eigentlich eine robuste Gartentischdecke, die kurzerhand zu einer praktischen Tasche für jede Gelegenheit umfunktioniert wurde.
Dieses Modell eignet sich auch für Nähanfänger, denn neben den fünf Maschinennähten müssen Sie lediglich die fertigen Griffe von Hand annähen.

So funktioniert's

Zuschnitt: Schneiden Sie alle Stoffe laut Auflistung exakt zu.

Vorbereitung

Auf die linke Stoffseite des Dekostoffes Vlieseline aufbügeln. Benutzen Sie dazu ein Bügeltuch.

Verarbeitung

1. Seitennähte: Die beiden Schnittteile für Innen- und Außentasche jeweils rechts auf rechts aufeinandersteppen. Bei der Innentasche an einer Seite eine 20 cm lange Öffnung zum Wenden frei lassen. Die Nahtzugaben auseinanderbügeln.

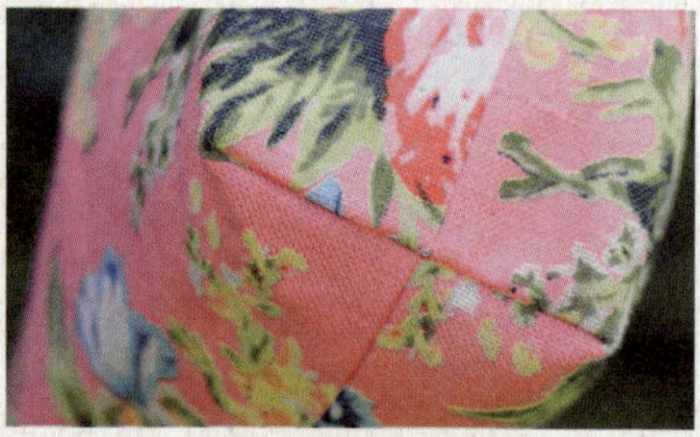

1

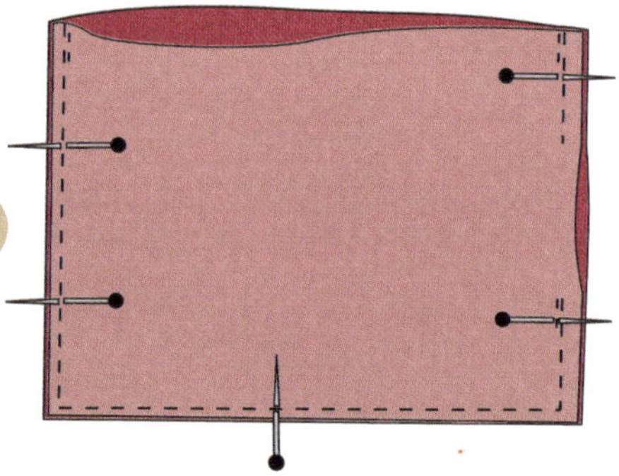

1

2. Ecken: Jeweils für Innen- und Außentasche die Seitennaht sowie die Naht entlang der unteren Kante rechts auf rechts aufeinanderstecken. Die Ecken dann 14 cm breit absteppen. Anschließend die Taschen wenden und die Ecken mit einer Schere herausdrücken.
Die Außentasche anschließend wieder auf links wenden.

2

3. Oberkante: Die Innentasche rechts auf rechts in die Außentasche schieben, die Innentasche ist etwas kürzer! Die beiden Schnittteile dann entlang der oberen Kante aufeinandersteppen, anschließend die Tasche durch die seitliche Öffnung der Innentasche wenden.
Da die Innentasche kürzer als die Außentasche ist, wird der Außenstoff nun ca. 5 cm nach innen gezogen. Die umgeschlagene Kante mit Nadeln feststecken, überbügeln und 2,5 cm breit feststeppen.

3

4. Öffnung: Die Öffnung an der inneren Seitennaht mit einigen Handstichen zunähen.

3

5. Taschengriffe: Die Taschengriffe 11 cm von den Seitennähten und 8 cm von der oberen Kante entfernt festnähen. Benutzen Sie dazu dickes Knopflochgarn oder Zwirn.

5

Für Kids

Ringbuchmäppchen

gepunkteten Baumwollstoff: 27 cm x 12 cm

2 gemusterte Baumwollstoffe: je 28 cm x 36 cm

Vlieselinereste

3 Druckknöpfe

Zackenlitze: 12 cm

Baumwollstoff

1 Klappe: 24,5 cm x 10 cm
1 Außenseite: 25,5 cm x 34 cm
1 Innenseite: 25,5 cm x 34 cm
2 Schlaufen: je 6 cm Zackenlitze

Vlieseline

1 Klappe: 24,5 cm x 10 cm
1 Außenseite: 25,5 cm x 34 cm

Super praktisch, nicht nur für Schüler!
Mit diesem kleinen Ringbuchmäppchen hat man Stifte, Radiergummi, Mini-Taschenrechner oder auch das Handy stets griffbereit. Zum Nähen dieses Schmuckstücks benötigen Sie drei kleine Stoffreste, zwei kleine Bänder und drei Druckknöpfe zum Einschlagen. Damit es schön stabil wird, werden die linken Stoffseiten mit Vlieseline verstärkt. Besonders wirkungsvoll kommt hier ein Mustermix von farblich schön abgestimmten Stoffen zur Geltung.

So funktioniert's

Zuschnitt: Schneiden Sie alle Stoffe laut Auflistung exakt zu.

Vorbereitung

Auf die linke Stoffseite der Taschenklappe sowie auf die Rückseite der Ringbuchtasche Vlieseline aufbügeln. Benutzen Sie dazu ein Bügeltuch.

Verarbeitung

1. Taschenklappe: Das Schnittteil für die Taschenklappe der Länge nach rechts auf rechts falten und entlang der kurzen Seiten aufeinandersteppen. Die Ecken schräg abschneiden, das Teil wenden und den Stoff an den Ecken vorsichtig mit einer Schere herausdrücken. Alle Kanten flachbügeln.

2. Schlaufen: Zunächst die fertige Taschenklappe, anschließend die beiden Zackenlitzen laut Zeichnung auf die Vorderseite stecken und innerhalb der Nahtzugabe, also ca. 1-2 mm breit, festnähen.

3. Verstürzen: Vorder- und Rückseite rechts auf rechts aufeinandersteppen, an der unteren Kante eine 8 cm breite Öffnung zum Wenden frei lassen. Auch hier wieder die Ecken der Nahtzugaben schräg abschneiden.
Die Ringbuchtasche durch die Öffnung wenden und den Stoff an den Ecken vorsichtig mit einer Schere herausdrücken. Die Kanten zwischen den Fingern ausrollen und flachbügeln.

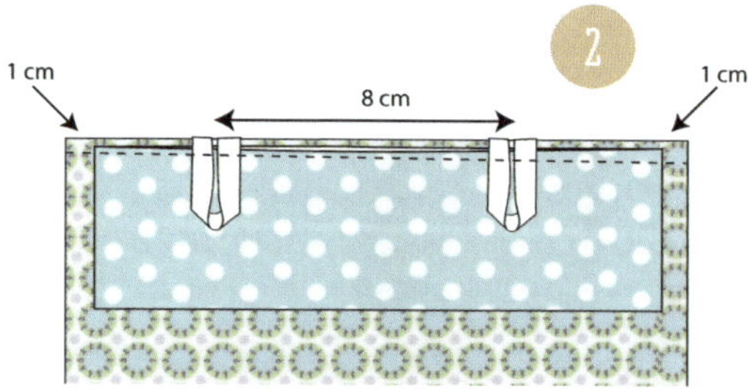

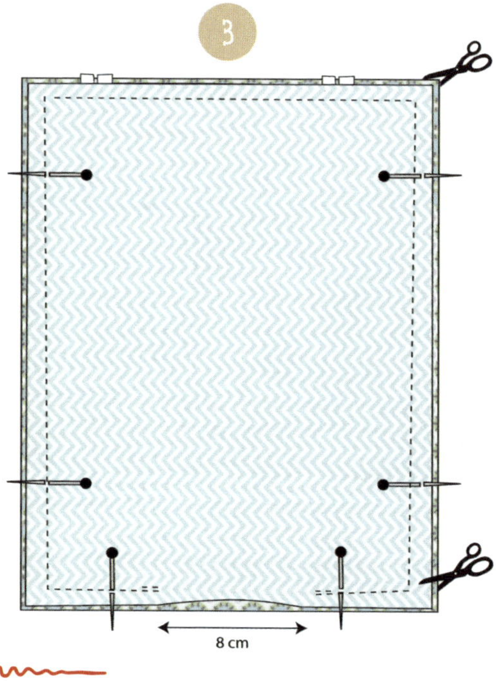

4. Öffnung: Die Nahtzugaben entlang der Öffnung gegeneinander einschlagen und mit einigen Handstichen zunähen.

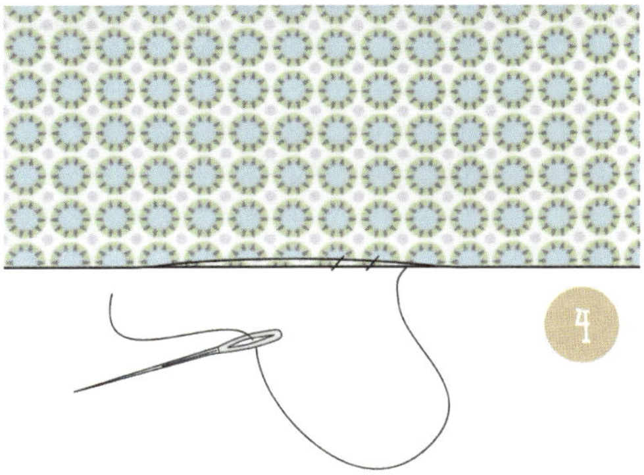

5. Seitennähte: Die untere Kante der Ringbuchtasche nun 14 cm weit nach oben umschlagen, mit Nadeln feststecken und die Seiten füßchenbreit festnähen.

6. Druckknöpfe: Die Druckknöpfe gleichmäßig verteilt laut Packungsbeilage einschlagen.

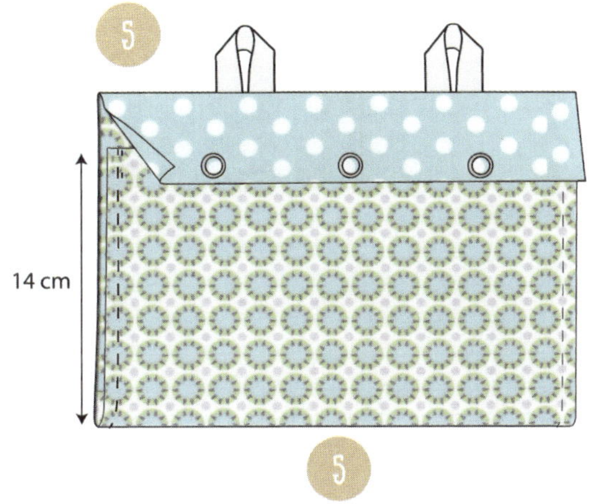

Stoffsäckchen

verschiedenfarbige Baumwollstoffe:

Oben: 30 cm x 12 cm

Mitte: 30 cm x 62 cm

Außen: 30 cm x 68 cm

Vlieseline: 30 cm x 68 cm

Baumwollstoff

2 Innenteile/oben: 26 cm x 5 cm

1 Innenteil/Mitte:26 cm x 58 cm

1 Außenteil: 26 cm x 64 cm

Vlieseline

2 Außenteile: 26 cm x 64 cm

Nicht nur für Wickeltischzubehör sind diese Säckchen bestens geeignet, auch Handarbeitssachen, Kosmetika etc. finden hier ihren Platz.

Durch etwas Vlieseline, die auf die Innenseite der Außenfläche aufgebügelt wird, bekommen auch dünnere Stoff die notwendige Steifheit.

Besonders schön sehen die Säckchen aus, wenn man unterschiedliche Stoffe miteinander kombiniert und auf die Teilungsnaht eine breite Zackenlitze aufnäht.

Die Außenseite des Säckchens besteht aus zwei Stoffstücken, die Innenseite, die später umgekrempelt wird, wurde aus drei Stoffrechtecken zusammengesetzt.

So funktioniert's

Zuschnitt: Schneiden Sie alle Stoffe laut Auflistung exakt zu.

Vorbereitung

Auf die linke Stoffseite des äußeren Säckchens Vlieseline aufbügeln. Benutzen Sie dazu ein Bügeltuch.

Verarbeitung

1. Teilungsnähte: Die drei Schnittteile für das innere Säckchen rechts auf rechts aneinandernähen, die Nahtzugaben auseinanderbügeln.

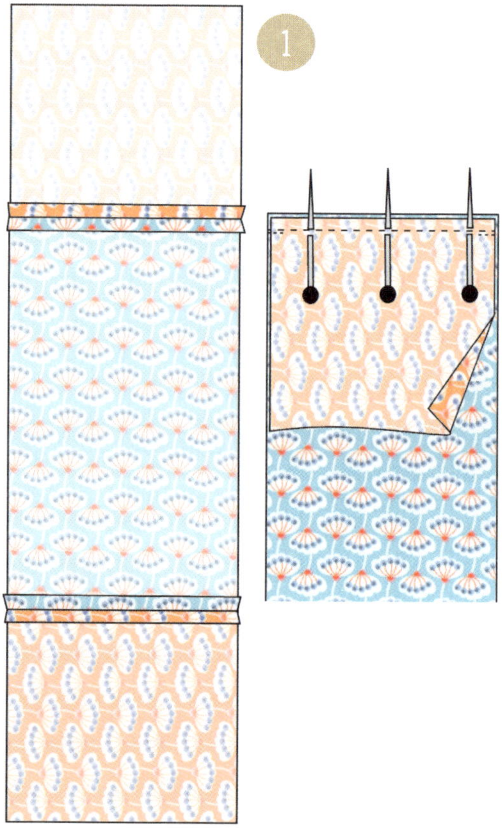

1

2. Zackenlitze: Die Zackenlitze mit Nadeln direkt auf der Naht feststecken und anschließend knappkantig aufnähen.

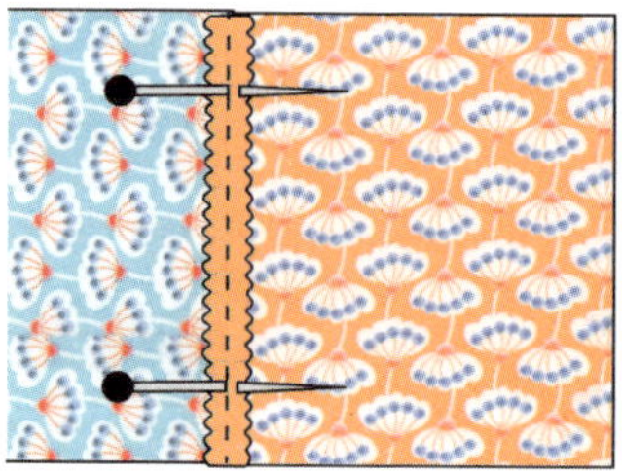

2

3. Seitennähte/Ecken: Für inneres und äußeres Säckchen nun die Seitennähte schließen. Legen Sie dazu die Stoffstreifen rechts auf rechts und steppen Sie die Kanten aufeinander, am inneren Sack lassen Sie eine 10 cm lange Öffnung zum Wenden frei. Die Nahtzugaben auseinanderbügeln, den Stoffbruch an der unteren Kante sichtbar einbügeln. Stecken Sie dann die Seitennähte rechts auf rechts auf den eingebügelten Stoffbruch und nähen Sie die Ecken 7 cm breit ab.

3

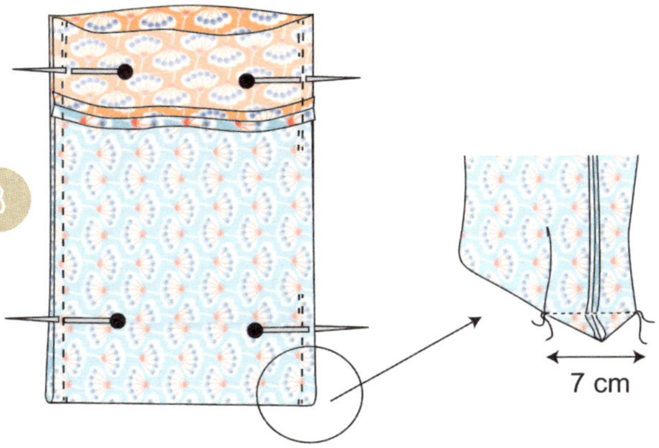

4. Verstürzen: Schieben Sie nun inneres und äußeres Säckchen rechts auf rechts ineinander und steppen Sie die oberen Kanten aufeinander. Wenden Sie dann die Teile durch die Öffnung auf die rechte Seite und bügeln Sie die obere Kante flach.

5. Öffnung: Die Öffnung im inneren Säckchen mit einigen Handstichen zunähen, anschließend die Säckchen wieder ineinanderschieben.

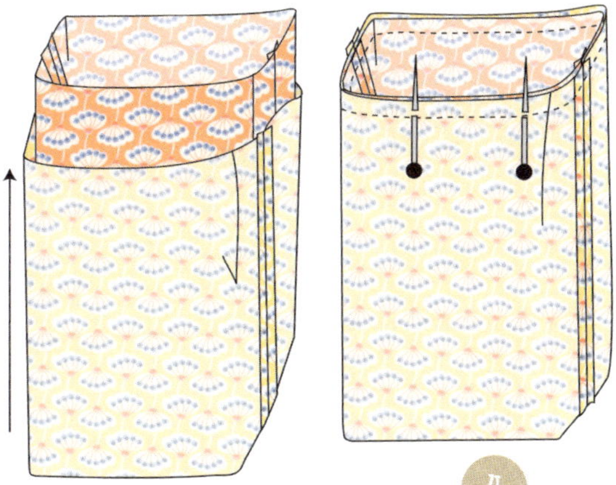

4

Stoffgirlande

gemusterte Stoffreste
farbige Filzreste
breite Zackenlitze
feste Pappreste
Kordel: Ø 0,5 cm
kleine Knöpfe
Klebestift

Wimpel
2 Dreiecke: Nr. 25

Pinguin
1 Kopf (Filz): Nr. 2
1 Körper (Pappe): Nr. 3
1 Schnabel (Filz): Nr. 4
1 Rumpf (Baumwollstoff): Nr. 5
4 Augen (Filzkreise): Ø 3,5 cm/1 cm

Diese Girlande ist auch für die ungeübte Hobbyschneiderin ein ideales Einsteigerprojekt, denn der Nähaufwand ist minimal.
Kopf und Rumpf der Pinguine werden aus Filz und Baumwolle zugeschnitten und kurzerhand auf eine Pappschablone aufgeklebt. Lediglich bei den Wimpeln müssen Sie Ihre Nähkünste unter Beweis stellen. Da es sich dabei nur um vier kurze gerade Nähte handelt, sind die Wimpel im Nu fertig.
Verwenden Sie verschiedenfarbige Stoffreste und gestalten Sie die Girlande passend zur Einrichtung. Vielleicht lassen sich sogar alte Gardinenreste finden.

So funktioniert's

Zuschnitt: Die Schnittmuster Nr. 2–5 für den Pinguin sowie Schnittmuster Nr. 25 für den Wimpel aus den Schnittmusterseiten 130, 132 und 135 kopieren und ausschneiden. Alle Teile entsprechend der Beschriftung aus Stoff, Pappe und Filz zuschneiden.

Vorbereitung

Bei einem sehr dünnen Baumwollstoff auf die linke Stoffseite der Wimpel Vlieseline aufbügeln. Benutzen Sie dazu ein Bügeltuch.

Verarbeitung

1. **Wimpel:** Die beiden Stoffdreiecke für den Wimpel rechts auf rechts stecken und entlang der beiden schrägen Kanten aufeinandernähen. Die obere Kante bleibt zum Wenden offen. Die Nahtzugaben an der Spitze abschneiden und den Wimpel auf die Vorderseite wenden. Die Spitze drücken Sie dann mit einer Schere heraus, bevor Sie die Kanten flachbügeln. Die Nahtzugaben entlang der oberen Kante nach innen einschlagen und feststeppen.

2. **Pinguin:** Das Kopfteil aus Filz und das Rumpfteil aus Stoff etwas überlappend mit einem Klebestift auf die Pappform kleben. Die Verbindungsstelle mit einer Zackenlitze überkleben, anschließend auch Schnabel und Augen aufkleben. Die Lasche am Kopf nach vorne umschlagen und mit einem Knopf festnähen.

1

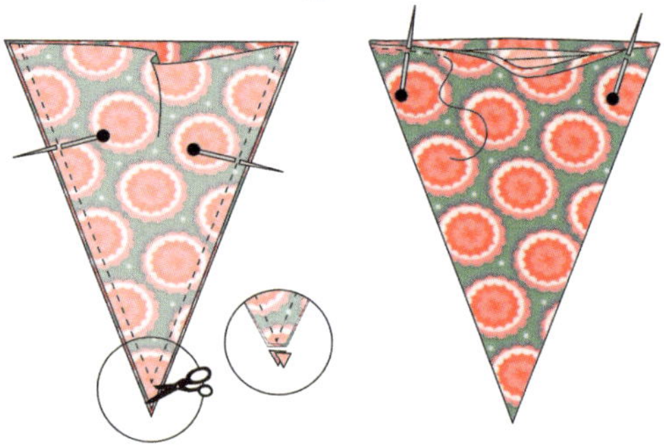

2

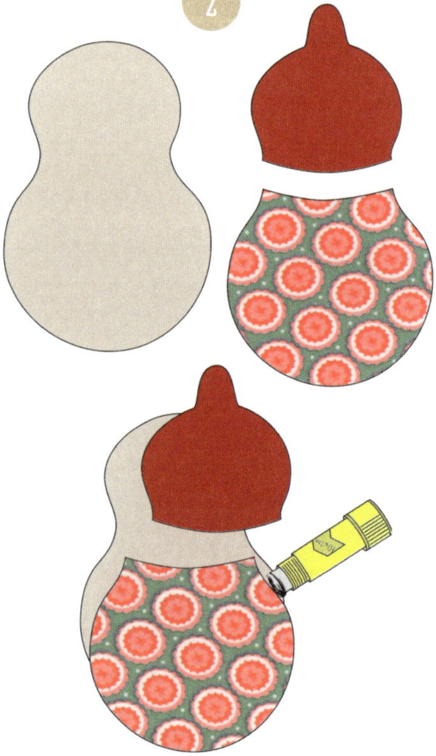

3. Girlande: Die obere Kante der Wimpel nach vorne umschlagen und 1 cm breit absteppen. Anschließend die Kordel ggf. durch eine dicke Stopfnadel ziehen und die Pinguine und Wimpel im beliebigen Wechsel aufziehen.

Püppchen

Baumwollstoffreste
Füllwatte
Bandreste
Stickgarn

Baumwollstoff
2x Kopf: Nr. 7
2x Rumpf: Nr. 6
4 x Bein: Nr. 8/9
2 x großes Auge: Nr. 10
2 x kleines Auge: Nr. 11

Wenn Sie auf der Suche nach einem Geschenk für eine Taufe sind oder Sie einfach nur einem Baby eine Freude machen wollen, sollten Sie sich an dieses Einsteigerprojekt wagen. Dieses Stoffpüppchen ist auch für Nähanfänger bestens geeignet, denn es besteht lediglich aus Kopf, Rumpf und zwei Beinen, die nach dem Verstürzen aneinandergenäht werden. Die Augen können wahlweise aus Stoff oder aus Filzresten von Hand aufgenäht werden.
Farbenfrohe Stoffreste finden hier eine liebenswerte Verwendung.

So funktioniert's

Zuschnitt: Die Schnittmuster Nr. 6-11 aus den Schnittmusterseiten 130, 135 und 136 kopieren, ausschneiden und aus den entsprechenden Stoffen zuschneiden. Die Schnittmuster Nr. 8 und Nr. 9 für das Bein zusammenkleben.

Verarbeitung

1. **Kopf:** Die Stoffkreise für die Augen, laut Markierungen auf dem Schnittbogen, mit einigen Handstichen auf die vordere Kopfhälfte aufnähen.

1
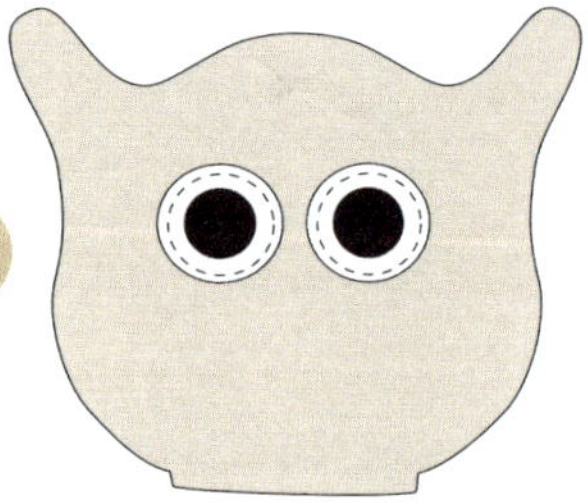

2. Vorderes und rückwärtiges Kopfteil rechts auf rechts legen und entlang der äußeren Kanten aufeinandersteppen. Die untere Kante bleibt zum Wenden offen. Die Nahtzugaben auf 2 mm zurück schneiden und die Rundungen bis kurz vor die Nahtlinie vorsichtig einschneiden. Die Schnittteile wenden, die Nahtkanten zwischen den Fingern herausrollen und anschließend bügeln.

2
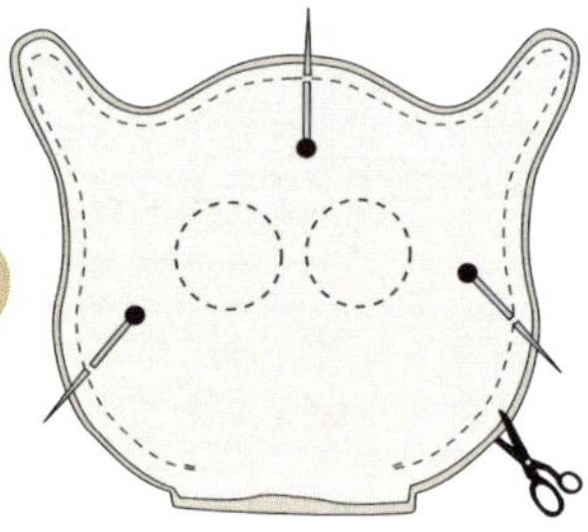

3. **Beine:** Für die Beine jeweils zwei Schnittteile rechts auf rechts aufeinandernähen. Anschließend die Nahtkanten auf 2 mm zurückschneiden, die Rundungen vorsichtig bis zur Nahtlinie einschneiden und die Beine auf die Vorderseite wenden. Die Nahtzugaben zwischen den Fingern herausrollen und die Rundungen vorsichtig mit einer Schere herausdrücken. Die Kanten überbügeln.

Die Beine weich mit Füllwatte ausstopfen und innerhalb der Nahtzugabe (1-2 mm breit) an die untere Kante eines Rumpfteils nähen. Die Beine - liegen dabei auf dem Rumpfteil und zeigen in Richtung Halsausschnitt.

3
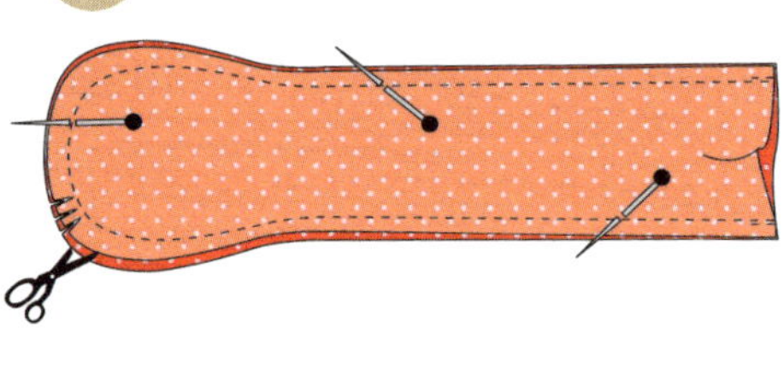

4. Rumpfteil: Die beiden Rumpfteile rechts auf rechts aufeinandersteppen, die Beine dabei an der unteren Kante mitfassen. Die obere Kante (Halsausschnitt) bleibt offen. Die Nahtzugaben auf 2 mm zurückschneiden, die Rundungen vorsichtig bis zur Nahtlinie einschneiden und die Ecken an der unteren Kante schräg abschneiden. Anschließend das Rumpfteil wenden und alle Ecken und Rundungen vorsichtig mit einer Schere herausdrücken. Die Kanten überbügeln.

5. Ausstopfen: Nun auch den Kopf und den fertig verstürzten Rumpf weich mit Füllwatte ausstopfen. Durch Zuhilfenahme eines längeren Kochlöffelstiels gelangt die Watte auch problemlos in die Arme.
Nach dem Ausstopfen aller Teile wird der Kopf 1,5 cm weit in das Rumpfteil geschoben, die Nahtzugabe des Halsausschnitts wird 1 cm nach innen eingeschlagen. Den Kopf zunächst mit Stecknadeln fixieren, dann mit kleinen Handstichen festnähen.

6. Mund: Ganz zum Schluss den Mund laut Foto aufsticken und mit einem kleinen Band die Füße abbinden.

Kissen mit Aufdruck

Baumwollstoff/gemustert:
43 cm x 72 cm

Baumwollstoff/uni:
43 cm x 17 cm

Fototransferfolie

Kisseninlett: 40 cm x 40 cm

Baumwollstoff

2 obere/untere Kissenteile:
41 cm x 15 cm

1 mittleres Kissenteil
41 cm x 15 cm

1 rückwärtiges Kissenteil:
41 cm x 41 cm

Um dieses Kissen in genau diesem Design herzustellen, müssen Sie wahrhaftig keine Künstlerin sein. Die Hundekarawane lässt sich durch Kopieren, Scannen oder durch einen einfachen Download in sekundenschnelle auf den Computer zaubern und ebenso schnell auf einem speziellen Fototransferpapier ausdrucken. Dafür reicht der einfache Tintenstrahldrucker aus. Anschließend schneiden Sie die Hunde exakt aus und bügeln sie dann auf einen einfarbigen Stoff auf. Eingerahmt von einem farbenfrohen Stoff wird daraus ein echter Hingucker für jedes Kinderzimmer.

So funktioniert's

Zuschnitt: Die Schnittmuster laut Auflistung zuschneiden, die Hundemotive von Schnittmusterseite 134 auf Transferfolie ausdrucken und sehr exakt ausschneiden.
Beachten Sie die Angaben des Transferfolienherstellers..

Vorbereitung

Die Hundemotive können Sie per Download (www. ruth-laing.de) auf Ihren Computer herunterladen, oder Sie kopieren das Motiv aus den Schnittmusterseiten auf die Transferfolie.

1

Verarbeitung

1. Hunde: Die ausgeschnittenen Hundemotive in regelmäßigen Abständen auf den einfarbigen Mittelstreifen der Vorderseite aufbügeln. Beachten Sie dabei die Angaben des Herstellers und benutzen Sie ggf. ein Bügeltuch.
Der Abstand der äußeren Motive sollte mindestens 6 cm zu den Außenkanten betragen.

2

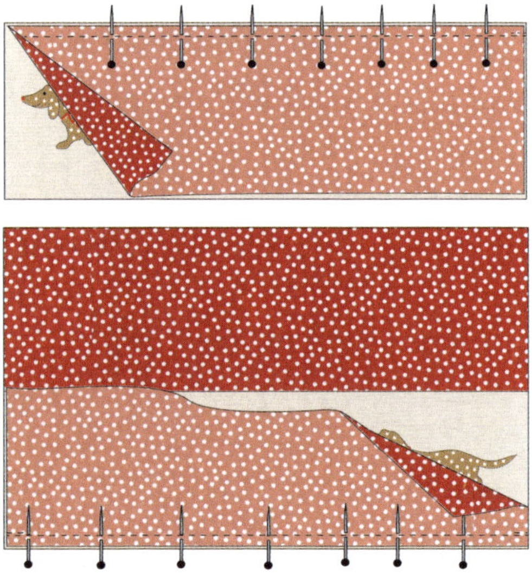

2. Teilungsnähte: Die beiden gemusterten Schnittteile der Vorderseite rechts auf rechts an das Mittelteil nähen. Die Nahtzugaben auseinanderbügeln.

3. Verstürzen: Vorder- und Rückseite des Kissens rechts auf rechts aufeinanderlegen und entlang der Außenkanten aufeinandernähen. An der unteren Kante eine 24 cm breite Öffnung zum Wenden frei lassen. Die Ecken der Nahtzugaben schräg abschneiden, das Kissen durch die Öffnung wenden und die Kanten anschließend flachbügeln.

3

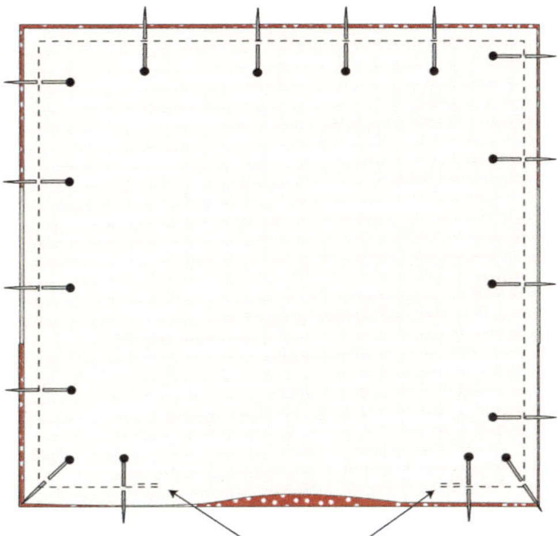

4. Öffnung: Das Kisseninlett in die Kissenhülle schieben, die Nahtzugaben entlang der Öffnung nach innen einschlagen und mit einigen Handstichen zunähen.

4

Stofftasche

Baumwollstoffe

Oben: 74 cm x 16 cm
Mitte: 74 cm x 7 cm
Unten: 54 cm x 76 cm

Zackenlitze: 75 cm

2 obere Taschenteile:
34 cm x 14 cm

2 mittlere Taschenteile:
34 cm x 5 cm

1 unteres Taschenteil:
34 cm x 54 cm

2 Tragegriffe:
74 cm x 8 cm

Dieser farbenfrohe Stoffbeutel **(32 cm x 38 cm)** ist ein ideales Anfängerprojekt. Es müssen lediglich einige rechteckige Stoffstücke zusammengenäht werden und schon ist dieser tolle Alltagsbegleiter fertig. Einsatzmöglichkeiten gibt es viele.. Auch die Tragegriffe lassen sich durch exaktes Vorbügeln schnell nähen.
Durch breite Zackenlitzen oder andere schmückenden Bänder, die Sie über die Teilungsnähte steppen, wird diese Tasche ein unverwechselbares Einzelstück.

So funktioniert's

Zuschnitt: Die Schnittteile laut oben stehender Auflistung zuschneiden.

Verarbeitung

1. **Teilungsnähte:** Die oberen Schnittteile rechts auf rechts an das Mittelteil nähen, die Nahtzugaben auseinanderbügeln. Ganz nach Belieben Zackenlitzen auf die Nähte steppen.

1

2. **Tragegriffe:** Die Nahtzugaben an den Tragegriffen entlang der langen Seiten nach links umbügeln. Dann den Streifen nochmals der Länge nach links auf links bügeln und an beiden Seiten knappkantig absteppen.

2

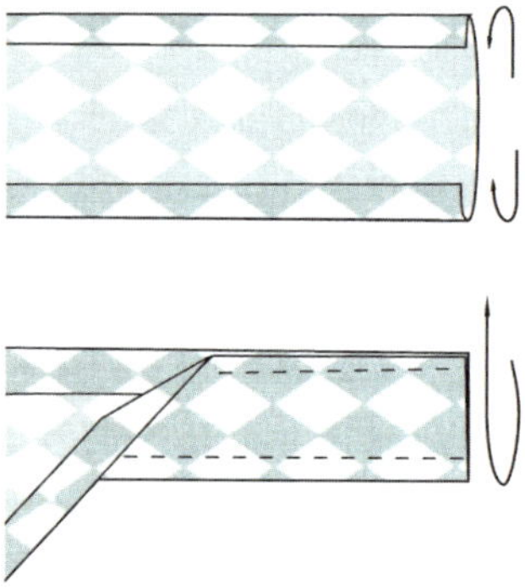

3. Seitennähte: Den zusammengesetzten Stoffstreifen rechts auf rechts falten und entlang der beiden Seiten aufeinandersteppen. Die Nahtzugaben auseinanderbügeln. Die Tasche auf die Vorderseite wenden.

4. Obere Kante: Die obere Kante des Beutels zunächst 1 cm anschließend nochmals 4 cm links auf links bügeln und ca. 3,5 cm breit feststeppen.

5. Tragegriffe: Die Tragegriffe ca. 4 cm weit unter die obere Taschenkante schieben und laut Zeichnung feststeppen. Der Abstand zu den Seitennähten beträgt 6 cm.

3

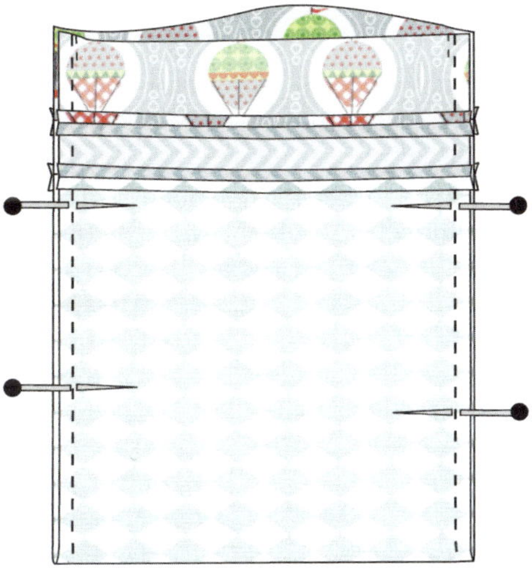

5

Portemonnaie

Ein super simples Portemonnaie **(12 cm x 14 cm)** ist schnell genäht und eine tolle Überraschung für die Kids. Da es aus nur zwei Stoffresten und drei Nähten hergestellt wird, können sich auch die kleinen Nähanfänger an diesem Projekt versuchen. Kombinieren Sie farbenfrohe Stoffe für die Innen- und Außenseite.

So funktioniert's

Zuschnitt: Die Schnittmuster Nr. 12 und Nr. 13 aus der Schnittmusterseite 131 kopieren und zusammenkleben. Dann gemäß nebenstehender Auflistung zuschneiden.

Vorbereitung

Beide Portemonnaiehälften auf der linken Stoffseite mit Vlieseline bekleben.

Verarbeitung

1. Verstürzen: Die beiden Portemonnaiehälften rechts auf rechts legen und entlang der Außenkanten aufeinandersteppen. An der oberen Kante lassen Sie eine 6 cm breite Öffnung zum Wenden frei. Die Nahtzugaben in den Rundungen einschneiden und an den Ecken schräg abschneiden. Die Schnittteile auf die rechte Seite wenden, die Kanten bügeln.

2. Öffnung: Die Öffnung mit einigen Handstichen zunähen.

3. Seitennähte: Den unteren Teil des Portemonnaies 11,5 cm weit nach oben umschlagen, mit Nadeln feststecken und die Seiten füßchenbreit feststeppen.

4. Druckknopf: Den Druckknopf laut Packungsbeilage mittig auf Klappe und Tasche einschlagen.

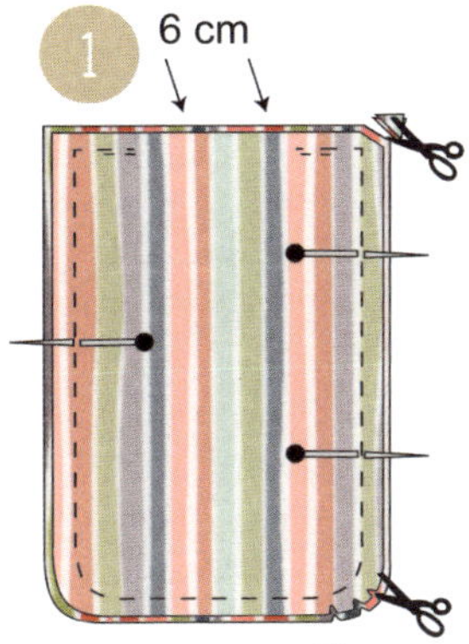

Baumwollstoff:
30 cm x 34 cm

Vlieseline:
30 cm x 34 cm

kleinen Druckknopf zum Einschlagen

Baumwollstoff
2 Taschenteile:
Nr. 12/Nr. 13

Vlieseline
2 Taschenteile:
Nr. 12/Nr. 13

Schlampermäppchen

Baumwollstoffrest oder Kunstfasergewebe

Reißverschluss: 20 cm

Kunstfasergewebe

1 Taschenteil (B x H): 24 cm x 20 cm

2 Blenden: 7 cm x 3 cm

Kunstfasergewebe, aus denen beispielsweise Einkaufstaschen und Planen hergestellt werden, sind äußerst strapazierfähig und robust.
Auch die Näheigenschaften sind erstaunlich gut. Im Gegensatz zu anderen beschichteten Stoffen werden sie unter dem Nähmaschinenfüßchen gut transportiert und alle Nähte lassen sich mit niedrig eingestellter Bügeltemperatur und einem Bügeltuch flachbügeln oder mit dem Fingernagel glattstreichen.
Sicherlich finden Sie auch in Ihrem Haushalt eine alte, ansprechende Einkaufstasche, die man zu einem Schlampermäppchen umfunktionieren kann.

So funktioniert's

Zuschnitt: Die Schnittteile laut Auflistung zuschneiden.

Verarbeitung

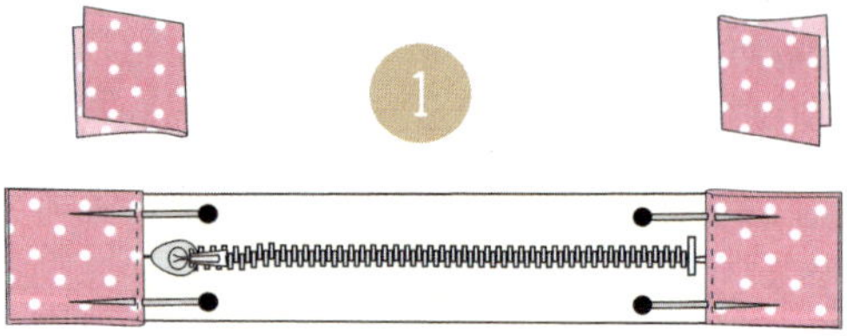

1. **Blenden:** Die beiden Stoffrechtecke für die Reißverschlussblenden links auf links bügeln und anschließend jeweils mit der gefalteten Kante knappkantig auf die Reißverschlussenden nähen. Die eventuell überstehende Länge noch nicht abschneiden.

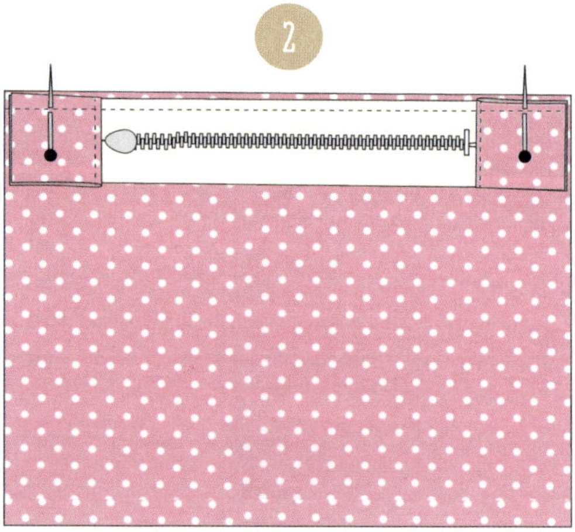

2. **Reißverschluss:** Den Reißverschluss rechts auf rechts an die oberen Kanten des Mäppchens steppen. Setzen Sie dazu unbedingt das Reißverschlussfüßchen Ihrer Nähmaschine ein. Versuchen Sie mit dem Füßchen so dicht wie möglich an den Zähnen des Reißverschlusses entlangzunähen. Die Kanten flachbügeln und ggf. nochmals von der Vorderseite knappkantig absteppen. Die eventuell überstehende Länge der Blenden nun bündig abschneiden.

3. **Seitennähte:** Bevor Sie die Seitennähte schließen, sollten Sie unbedingt den Reißverschluss zum Wenden öffnen. Steppen Sie dann die Seitennähte, anschließend bügeln Sie die Nahtzugaben auseinander. Dann wird das Mäppchen auf die Vorderseite gewendet und die Ecken werden vorsichtig mit einer Schere herausgedrückt.

Für mein Zuhause

Bestecktasche

Baumwollstoff: 30 cm x 55 cm oder 1-2 **Trockentücher**

feste Vlieseline

Aus Baumwollstoff
4 Vorderseiten: Nr. 17
2 Rückseiten: Nr. 14/15

Aus Vlieseline
2 Vorderseiten: Nr. 17
1 Rückseite: Nr. 14/15

Diese kleine Bestecktasche wurde aus Trockentüchern genäht, die es in hübschen Farbvarianten in vielen Haushaltswarengeschäften oder Dekoläden als Set zu kaufen gibt. Kombinieren Sie mehrere Stoffe miteinander und peppen Sie aus den Resten auch noch Ihre unifarbenen Tischsets auf, die nicht nur den Frühstückstisch perfekt aussehen lassen werden. Die Vorderseite der Bestecktasche besteht aus abgerundeten Schnittteilen, die vor dem Verstürzen von Vorder- und Rückseite in die Außennaht zwischengefasst werden.

So funktioniert's

Zuschnitt: Die Schnittmuster Nr. 14, 15 und Nr. 17 aus den Schnittmusterseiten 133 kopieren, ausschneiden, zusammenkleben und laut Beschriftung aus den jeweiligen Stoffen und Vlieseline zuschneiden.

Vorbereitung

Auf ein linkes und ein rechtes Vorderteil sowie auf eine Rückseite Vlieseline aufbügeln.

Verarbeitung

1. Vorderseite: Die beiden Schnittteile für linke und rechte Vorderseite jeweils rechts auf rechts legen und entlang der oberen Kante aufeinandersteppen. Die Nahtzugaben auf 2 mm zurückschneiden, das Teil wenden, die Nahtkanten zwischen den Fingern auseinanderrollen und überbügeln. Die obere Kante ggf. absteppen.

2. Die beiden verstürzten Vorderteile laut Zeichnung kantengleich auf die verstärkte Rückseite stecken und 2 mm breit, innerhalb der Nahtzugaben festnähen.

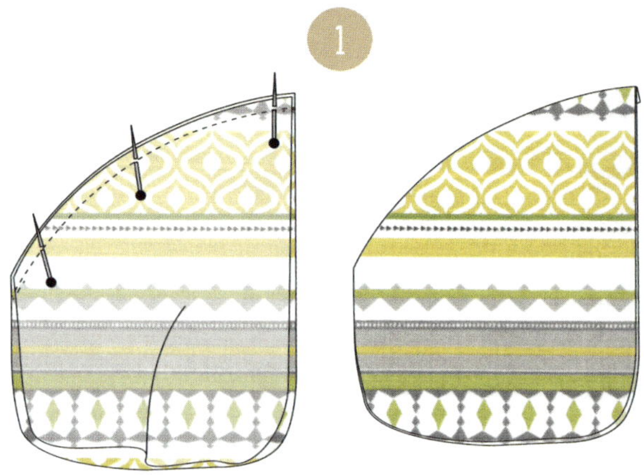

3. Rückseite: Nun werden die beiden Rückseiten kantengleich rechts auf rechts gelegt und ringsum aufeinandergesteppt, die beiden Vorderteile werden dabei mitgefasst. An der unteren Kante bleiben 6 cm zum Wenden offen. Anschließend die Nahtzugaben auf 2 mm zurückschneiden und die Ecken zwischen den Rundungen vorsichtig bis zur Nahtlinie einschneiden.
Die Bestecktasche nun durch die Öffnung wenden, die Nahtkanten ausrollen und die Rundungen und Ecken vorsichtig mit einer Schere herausdrücken. Die Kanten überbügeln.

4. Die Nahtzugaben entlang der Öffnung nach innen einschlagen und mit einigen Handstichen zunähen.

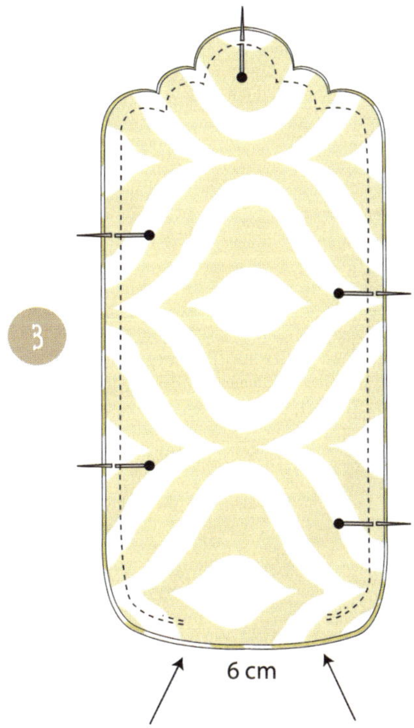

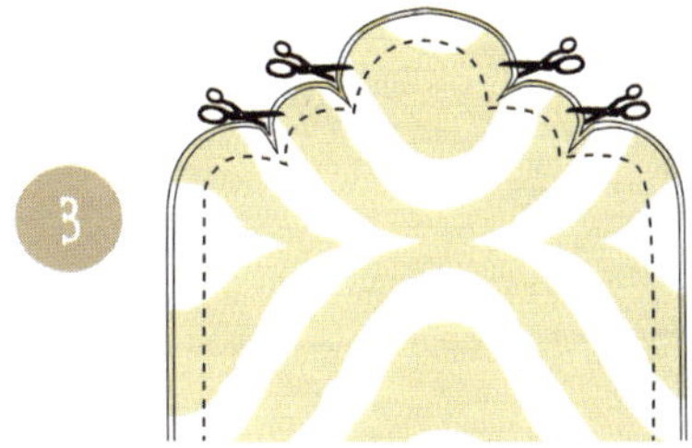

Tischsets

gewebtes Tischset
Baumwollreste
Vlieselinereste

Schneiden Sie 2 Stoffstreifen von 12 cm Breite zu.
Die Blenden sind so lang wie die kurzen Seiten des Tischsets zuzüglich 3 cm Nahtzugabe.

Diese unifarbenen Tischsets **(33 cm x 45 cm)** kennen wir alle. Sie erfüllen ihren Zweck, wirklich ansprechend sind sie nicht. Durch einen farblich passenden Stoffrest können sie im Handumdrehen aufgepeppt werden. Hierzu werden die Stoffreste mit Vlieseline verstärkt, an den Ecken verstürzt und dann einfach über die Tischsetkanten geschoben. Mit einer einfachen Naht wird dann alles fixiert und im Nu ist ein Hingucker für den Tisch fertig. Falls Sie keine Stoffreste haben, schauen Sie sich nach schönen Trockentüchern um. Günstig und sehr waschecht.

So funktioniert's

Zuschnitt: Die wulstige Webkante an den kurzen Seiten des Tischsets abschneiden. Für den Blendenzuschnitt dann die **Länge dieser kurzen Seiten** ausmessen und insgesamt 3 cm Nahtzugabe hinzurechnen. Die **Zuschnittbreite** der Blende beträgt 12 cm.

Vorbereitung

Bei sehr dünnen Stoffen bügeln Sie auf die linke Seite der Blenden Vlieseline auf.

Verarbeitung

1. Blenden: Die Nahtzugaben an den langen Seiten 1 cm nach links umbügeln.

2. Bügeln: Die Blende dann so links auf links aufeinanderlegen, dass die untere Kante 1-2 mm breiter ist. Den Stoffbruch an der oberen Kante einbügeln.

3. Ecken: Die Blende nun wieder rechts auf rechts falten und exakt auf die Breite des Tischsets abstimmen. Legen Sie dazu die beiden Schnittteile übereinander und zeichnen Sie Markierungen ein. Dann steppen Sie die beiden kurzen seitlichen Kanten aufeinander, schneiden die Nahtzugaben der Ecken schräg ab und wenden die Blenden auf die Vorderseite. Mit einer Schere die Ecken herausdrücken. Die Kanten flachbügeln.

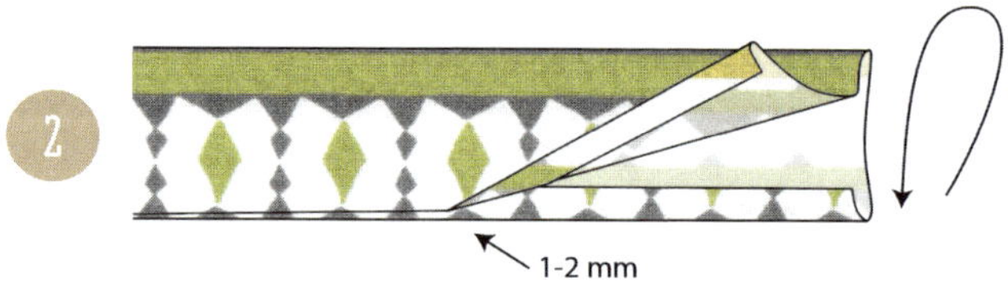

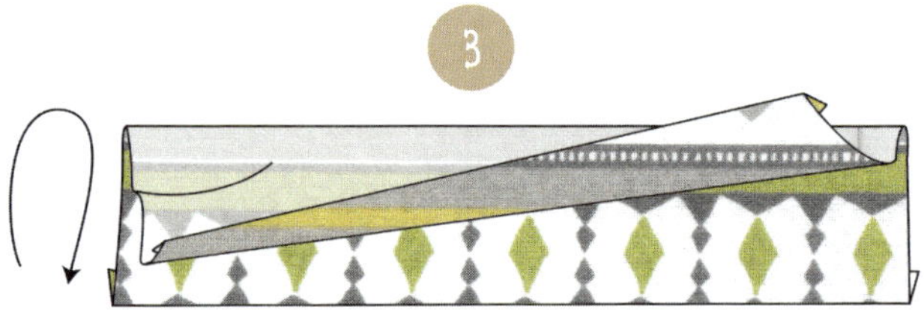

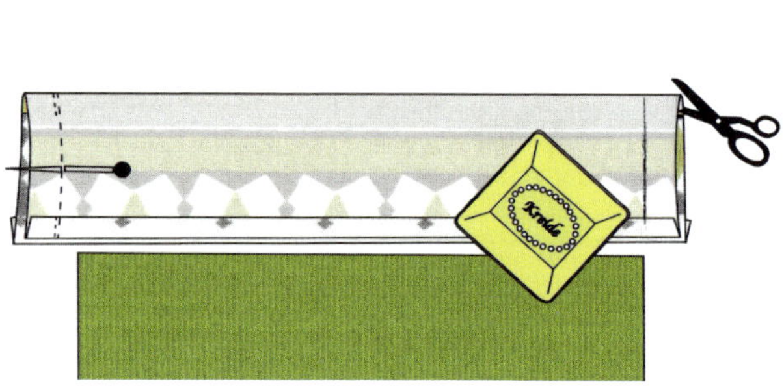

4. Steppnaht: Die seitlichen, abgeschnittenen Kanten des Tischsets nun 1 cm weit in die verstürzte Blende schieben, die breitere Kante liegt dabei unten. Die Blenden von oben her knappkantig feststeppen.

4

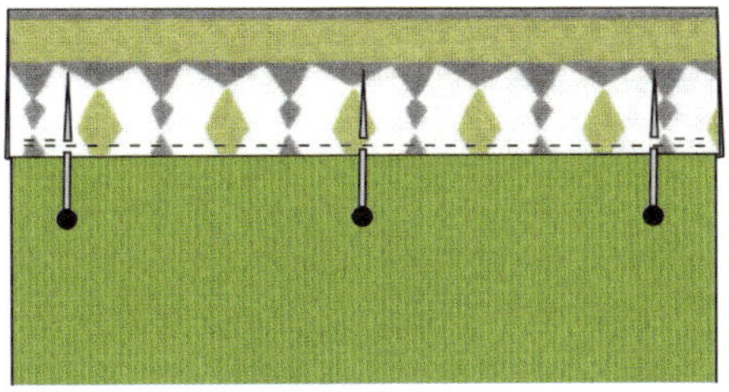

Brotkorb

Baumwollstoff/Tischläufer:
1,10 m x 90 cm

sehr feste Vlieseline:
1,10 m x 1 m

Spitze: 1,10 m

Papprest

Baumwollstoff
2 Bodenteile: Nr. 18/19
2 Seitenteile: 18 cm x 1,10 m
2 Griffe: 8 cm x 21 cm

Vlieseline
2 Bodenteile: Nr. 18/19
2 Seitenteile: 18 cm x 1,10 m

Dieser Brotkorb ist wegen seiner Größe **(11 cm x 40 cm)** ideal für den Frühstückstisch der großen Familie geeignet. Hier finden viele Brötchen und Baguettes ihren Platz. Aber auch für eine Zweckentfremdung lohnt sich der Nähaufwand, denn auch andere Utensilien wie zum Beispiel Strickzeug, Kosmetika oder kleines Spielzeug lassen sich in diesem Korb bestens verstauen.
Die obere Kante können Sie durch eine Spitze verzieren. Die Standfestigkeit erlangt der Korb durch ein Stück Pappe, welches in den Boden eingelegt wird.

So funktioniert's

Zuschnitt: Die Schnittmuster Nr. 18 und Nr. 19 aus Schnittmusterseite 131 kopieren, ausschneiden und zusammenkleben. Dann alle Teile laut Auflistung aus **festem** Baumwollstoff zuschneiden. Das äußere Schnittteil des Brötchenkorbes ist bewusst etwas länger angegeben, es wird nach dem Annähen an den Boden auf die entsprechende Länge zurückgeschnitten. Das Schnittmuster für den Boden auch aus Pappe zuschneiden.

Vorbereitung: Auf die linken Stoffseiten alle Schnittteile des Brötchenkorbes Vlieseline aufbügeln. Benutzen Sie dazu ein Bügeltuch.

Verarbeitung

1. Mittellinien: Falten Sie den Boden der Länge nach und markieren Sie die Mittellinie. Kennzeichnen Sie auch am Außenteil die Mitte des Stoffrechtecks.

2. Außenteil: Stecken Sie nun das Stoffrechteck rechts auf rechts an den Boden, die Markierungen der Mittellinien liegen dabei exakt aufeinander. Beginnen Sie mit dem Nähen an einer Markierung des Bodenschnittteils (offene Kante) und enden Sie auch wieder an diesem Punkt (das Außenteil ist dabei etwas zu lang). Anschließend steppen Sie die senkrechte Seitennaht, indem Sie an der oberen Kante des Brotkorbs beginnen und exakt an der Bodennaht enden. Dann schneiden Sie die überschüssige Länge des Außenteils entlang der Nahtzugabe ab.
Diese Arbeitsgänge führen Sie für die Innen- und Außenseite des Brötchenkorbes durch, nur am Innenteil lassen Sie an der Seitennaht 12 cm zum Wenden offen. Die Nahtzugaben auseinanderbügeln.

1

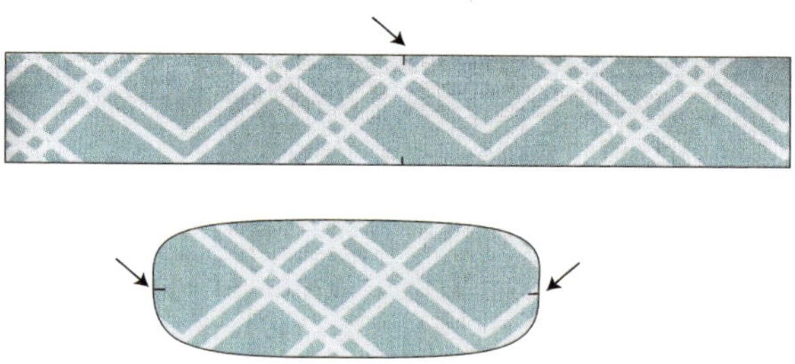

2

3. Verstürzen: Stecken Sie nun die beiden Brotkorbhälften rechts auf rechts ineinander und nähen Sie die oberen Kanten aufeinander. Wenden Sie dann die Schnittteile durch die Öffnung und bügeln Sie die Nahtzugaben flach. Die Öffnung im Inneren nähen Sie mit einigen Handstichen zu. Ganz nach Belieben nähen Sie nun Spitzen, Litzen oder andere Schmuckbänder auf die obere Innenkante des Körbchens.

4. Griffe: Die beiden Stoffstreifen für die Griffe entlang der langen Seiten 1 cm breit nach links umbügeln, dann den Streifen nochmals zur Hälfte falten, überbügeln und beidseitig knappkantig absteppen.
Bei dünneren Stoffen schlagen Sie nun die Schmalseiten nach innen ein und nähen sie mit einigen Handstichen zu. Bei sehr dicken Stoffen verzichten Sie auf diesen Arbeitsgang.
Nun die obere Kante des Brotkorbes ca. 6 cm nach außen umschlagen. Die Griffe 2-3 cm weit ins Innere des Korbes schieben und durch alle vier Stofflagen feststeppen.

3

4

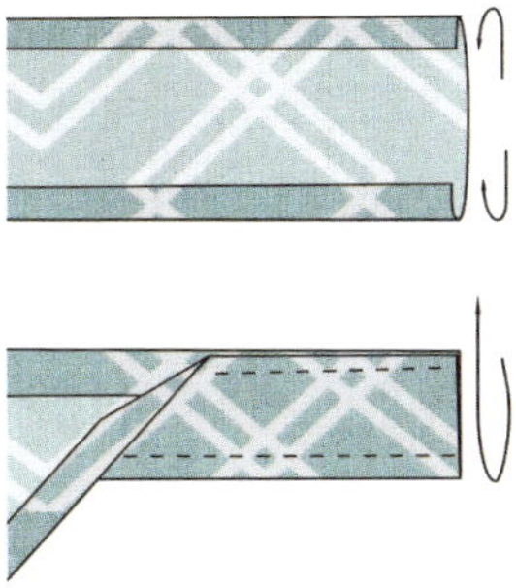

4

Kissenset

Baumwollstoff: 44 cm x 96 cm
Kisseninlett: 40 cm x 40 cm
Vlieselinerest: 10 cm x 44 cm
3 Knöpfe

Baumwollstoff
1 Kissenteil: 42 cm x 94 cm

Vlieseline
2 Vlieselinestreifen: 8 cm x 42 cm

Kissen kann man nie genug haben, oder? Sie peppen einfarbige Sofas auf, können wunderbar auf die Farben der Inneneinrichtung abgestimmt werden und machen den Abend auf dem Sofa erst richtig komfortabel.
Diese romantischen Modelle **(40 cm x 40 cm)** in Pastelltönen wurden mit einer Knopfleiste ausgestattet, für den Verschluss wurden einfache Wäscheknöpfe verwendet – schlicht und schön.
Variieren Sie bezüglich der Kissengrößen, die Verarbeitung bleibt die gleiche, Sie nähen lediglich ein oder zwei weitere Knopflöcher ein.

So funktioniert's

Zuschnitt: Das Schnittteil für das Kissen laut Auflistung zuschneiden.

Vorbereitung

Zeichnen Sie an den beiden kurzen Seiten des Stoffes zwei Linien an, die 4 cm und 8 cm unterhalb der Stoffkante liegen. Bügeln Sie dann wie abgebildet die 4 cm breiten Streifen Vlieseline auf.

Verarbeitung

1. Knopfleiste: Für die Knopfleiste die beiden kurzen Seiten bis zur zweiten Markierung umbügeln und knappkantig festnähen.

1

2. Seitennähte: Falten Sie nun die untere Kante des Stoffrechtecks 32 cm hoch, die rechten Stoffseiten liegen innen. Anschließend legen Sie die obere Kissenkante deckungsgleich auf die bereits umgeschlagene Seite, die beiden Knopfleisten liegen dabei exakt aufeinander. Schließen Sie dann die beiden Seitennähte. Die Nahtzugaben anschließend auseinanderbügeln und das Kissen auf die Vorderseite wenden.

2

3. Knopflöcher/Knöpfe: Arbeiten Sie zum Schluss die Knopflöcher ein und nähen Sie die Knöpfe an.
Die äußeren Knopflöcher sollten ungefähr 6-7 cm von den Seitennähten entfernt sein.

3

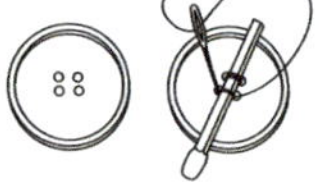

Eierkörbchen

Aus einer alten Pappschachtel und zwei kleinen Stoffresten lässt sich im Handumdrehen dieses kleine Körbchen mit Stoffeinsatz basteln - nicht nur als Eierkörbchen verwendbar! Die Pappschachtel wird mit einem gröberen Dekostoff umklebt, für den Stoffeinsatz reicht ein kleines Stückchen unifarbener Baumwollstoff aus, an dessen Oberkante ein Tunneldurchzug genäht wird.

So funktioniert's

Zuschnitt

Schachtelbezug: Schneiden Sie ein Stoffrechteck zu, welches in der Höhe 5 cm und im Umfang 2 cm breiter ist als die Schachtel.

Stoffeinsatz: Für den Stoffeinsatz ein Rechteck zuschneiden, welches 2 cm länger ist als der innere Umfang der Schachtel. Die Höhe ist abhängig vom Durchmesser Ihrer Schachtel. Planen Sie bei Ihrem Zuschnitt zusätzlich noch 4-5 cm für den Kordeldurchzug ein.

Baumwollstoffreste
Pappschachtel
Kordel
Klebstoff
Sicherheitsnadel

Verarbeitung

1. **Stoffeinsatz:** Den Stoffstreifen für den Stoffeinsatz rechts auf rechts legen. Dann die beiden kurzen Seiten aufeinandersteppen, hierbei an der oberen Kante 5 cm für den Kordeldurchzug offen lassen. Die Nahtzugaben auseinanderbügeln.

2. Die obere Kante 3 cm nach innen umbügeln und 2,5 cm breit feststeppen.

3. Die Kordel mithilfe einer Sicherheitsnadel einziehen.

4. **Schachtel:** Den Stoffstreifen für die Schachtel an den kurzen Seiten rechts auf rechts aufeinandernähen, die Nahtzugaben auseinanderbügeln. Dann den Stoff über die Schachtel ziehen, an der oberen Kante 3 cm nach innen einschlagen und mit einem Klebestift fixieren. Dann an der unteren Stoffkante kleine Dreiecke herausschneiden und anschließend den Stoff sorgfältig am Schachtelboden festkleben.

5. Ganz zum Schluss den Stoffeinsatz im Inneren der Schachtel mit Flüssigkleber befestigen.

1

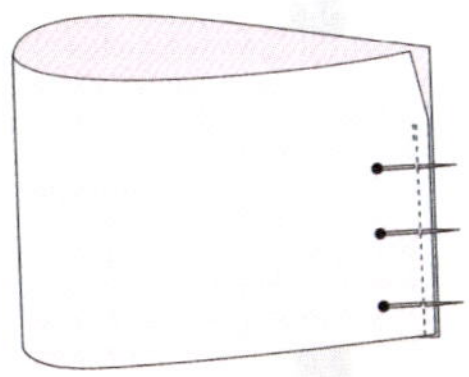

2 3

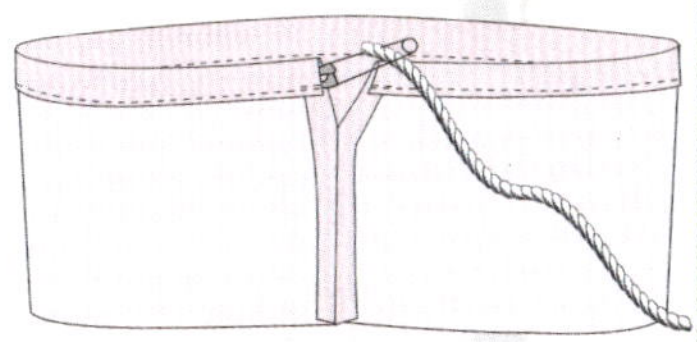

4

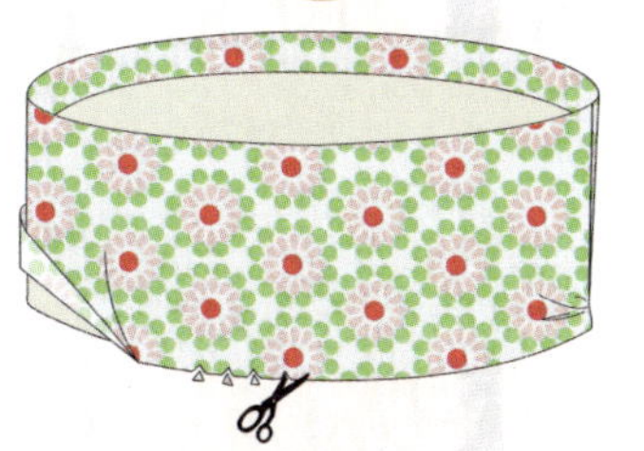

Stoffrechteck für die Schachtel, siehe oben

Stoffrechteck für den Stoffeinsatz, siehe oben

Coolpack-Hüllen

Das Coolpack ist in Kinderhaushalten ein häufig eingesetztes „Hilfsmittelchen", um den ersten Schmerz oder Schock zu lindern. Aber auch bei kleinen Sportverletzungen greifen wir immer gern auf diese praktischen Helfer zurück. Da sie aber nie direkt auf die Haut gelegt werden sollen, sind diese, durch einen Klettverschluss zu schließenden Hüllen, in jedem Haushalt unverzichtbar.

So funktioniert's

Zuschnitt: Die Schnittteile laut Auflistung zuschneiden. Das Herz Nr. 3 aus Schnittmusterseite 133 kopieren und aus festem Baumwollstoff zuschneiden. Den Stoff mit Vlieseline verstärken.

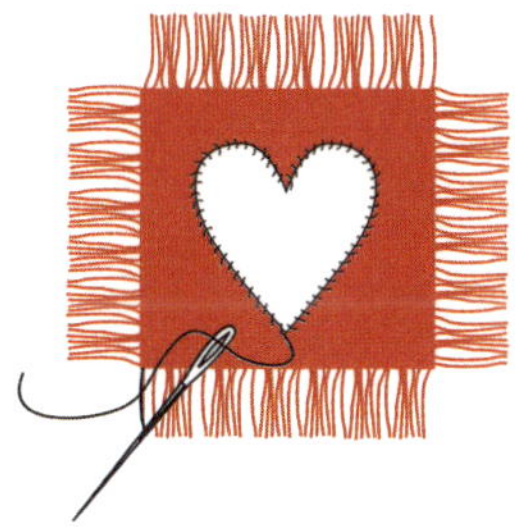

Baumwollstoffreste
Klettverschluss
Vlieselinerest

Vorbereitung

Das Herz mit einem Knopflochstich umnähen. Das Stoffquadrat (ca. 7 cm x 7 cm) ausfransen. Dazu die einzelnen Kett- und Schussfäden vorsichtig, Faden für Faden, mithilfe einer Nadel herausziehen.

Kleine Hülle
1 Hülle: 13 cm x 29 cm
1 Klettverschluss: 10 cm

Große Hülle
1 Hülle: 14 cm x 51 cm
1 Klettverschluss: 11 cm

Verarbeitung

1. Klettverschluss: Die obere Kante der Hülle ca. 2 cm nach links umbügeln und knappkantig feststeppen. Die beiden Klettverschlusshälften 1,5 cm von den seitlichen Kanten entfernt aufnähen.

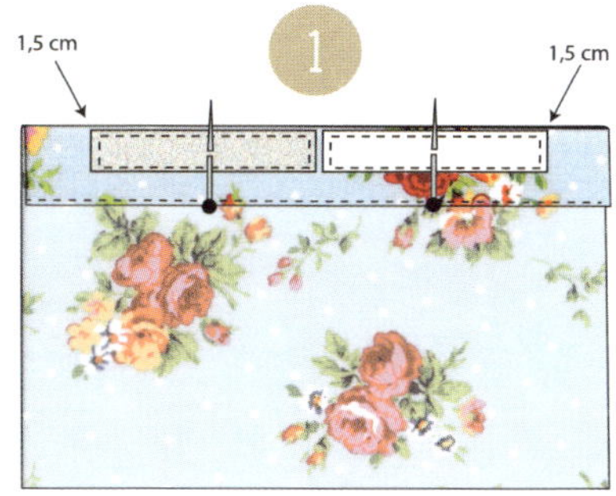

2. Herz: Das Herz mit kleinen Stichen mittig auf das Stoffquadrat nähen, welches wiederum mit Heftstichen mittig auf der rechten Hälfte der Hülle befestigt wird.

3. Seitennaht: Die Hülle rechts auf rechts falten und mit Nadeln feststecken. Achten Sie darauf, dass die oberen Kanten exakt aufeinanderliegen. Anschließend die Seitennaht und im weiteren Verlauf auch die untere Kante schließen. Die Nahtzugaben auseinanderbügeln, die Hülle wenden.

Bezogener Hocker

Kleine Hocker leisten nahezu an jedem Ort wertvolle Dienste. Ob im Bad, Kinderzimmer oder nur zum Anziehen der Schuhe auf dem Flur, sie sind kaum wegzudenken. Im Moment findet man sie in vielen Dekogeschäften mit besonders rustikalen Beinen oder außergewöhnlichen Bezügen. Wer die Hocker seinem individuellen Einrichtungsstil anpassen möchte, näht einen eigenen Bezug.

So funktioniert's

Runder Hocker:

Zuschnitt: Messen Sie den Durchmesser der Sitzfläche und geben Sie ringsum 1 cm Nahtzugabe hinzu. Messen Sie zusätzlich die Höhe der Sitzfläche sowie den Umfang des Hockers aus und rechnen Sie an beiden Kanten jeweils 10 cm für Saum und Nahtzugaben hinzu. Das Stoffrechteck wird nach dem Zusammennähen auf die exakte Länge abgeschnitten.

Eckiger Hocker:

Zuschnitt: Messen Sie sich die Größe und die Höhe der Sitzfläche aus und schneiden Sie an allen Kanten 10 cm zusätzlichen Stoff an.

kleinen Hocker
Stoffrest
Tacker
Sicherheitsnadel
Kordel

Eckiger Hocker/Verarbeitung

1. Legen Sie das Rechteck mit der linken Stoffseite nach oben auf den Hocker. Stecken Sie dann die Ecken mit Nadeln ab, sodass sich der Stoff stramm um die Kanten des Hockers legt.

2. Nähen Sie die Ecken ab, schneiden Sie die „Stofftüten" bis auf 1 cm zurück und wenden Sie den Bezug wieder auf die rechte Seite.

3. Anschließend den Bezug erneut über den Hocker ziehen und die offene Stoffkante an der Unterkante der Sitzfläche festtackern.

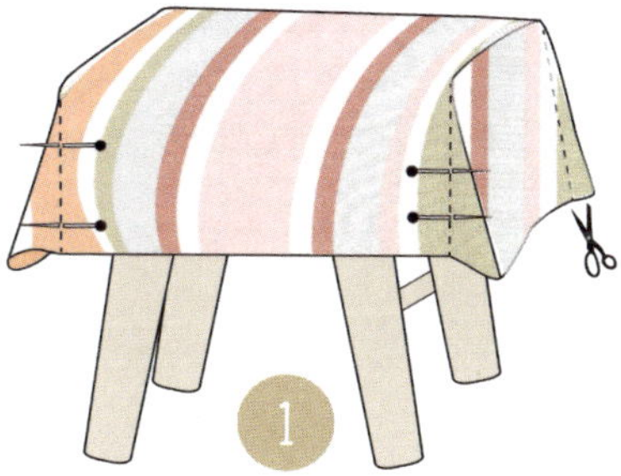
1

Runder Hocker/Verarbeitung

1. Nähen Sie das Stoffrechteck rechts auf rechts an den Stoffkreis. Enden Sie dabei exakt wieder am ersten Stich der Naht.

2. Schließen Sie dann die kurze Quernaht. Hier lassen Sie 2 cm von der unteren Kante entfernt eine 1,5 cm breite Öffnung (Kordeldurchzug). Schneiden Sie den überstehenden Stoff dieser Naht nun bis auf 1 cm Nahtzugabe zurück.

3. Kordeldurchzug: Bügeln Sie für den Kordeldurchzug die untere Kante/Saum nun 2 cm nach links um und steppen Sie die Kante ringsum fest. Führen Sie dann die Kordel mit einer Sicherheitsnadel durch den Tunnel.

4. Den Bezug über den Hocker ziehen und die Weite mithilfe der Kordel regulieren. Die Kordelenden verknoten oder zu einer Schleife binden.

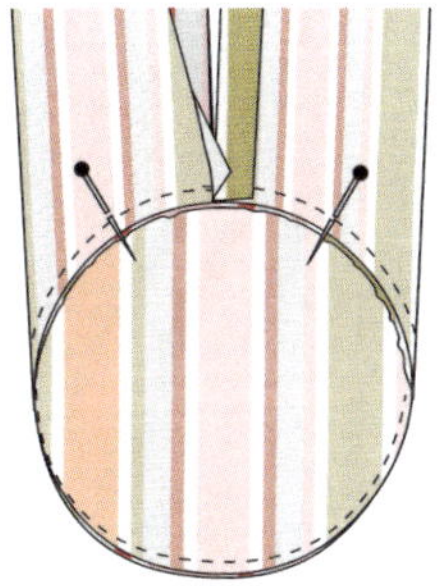
1

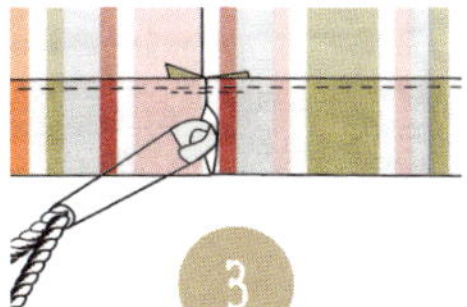
3

Handtücher

Ähnlich wie die Tischsets auf Seite 82 lassen sich auch einfarbige Handtücher mit einem schmalen Stoffstreifen schnell aufpeppen. Auch hier wird die wulstige Kante des Handtuchs abgeschnitten und ein verstürzter Stoffstreifen angesetzt. Sieht besonders schön bei kleinen Handtüchern auf der Gästetoilette aus.

So funktioniert's

Zuschnitt: Die Stoffe der Blenden laut Auflistung zuschneiden. Die wulstige Webkante am Gästetuch abschneiden.

Vorbereitung

Bei sehr dünnen Stoffen auf die linke Seite der Blenden Vlieseline aufbügeln.

Verarbeitung

1. Aufhänger: Die langen Seiten des vorgebügelten Schrägstreifens links auf links falten und absteppen.

2. Blenden:

a) Die Nahtzugaben an den langen Seiten 1 cm nach links umbügeln.

b) Die Blende dann der Länge nach so links auf links legen, dass die untere Kante 1-2 mm breiter ist. Den Stoffbruch einbügeln.

c) Die Blende nun wieder rechts auf rechts falten und exakt auf die Breite des Handtuchs abstimmen. Legen Sie dazu die beiden Schnittteile übereinander und machen Sie Markierungen. Dann steppen Sie die beiden seitlichen Kanten aufeinander, der zur Schlaufe gefaltete Schrägstreifen wird dabei mitgefasst.
Schneiden Sie die Ecken schräg ab und wenden Sie die Blenden auf die Vorderseite. Mit einer Schere die Ecken herausdrücken und flachbügeln.

3. Steppnaht: Das Handtuch nun 1 cm weit in die verstürzte Blende schieben, mit Nadeln feststecken und knappkantig festnähen.

1 Gästehandtuch
Baumwollstoffrest
vorgefalztes Schrägband: 10 cm
Vlieseline

Blende: Messen Sie die Handtuchbreite aus und schneiden Sie einen 8 cm breiten Stoffstreifen zu. In der Länge sollten Sie 3 cm hinzurechnen.

Aufhänger: 10 cm

Topflappen

Baumwollstoff, gemustert
Baumwollstoff, uni
Volumenvliesrest
Vlieselinerest
Zackenlitze
vorgefalztes Schrägband

Runder Topflappen
1 **Vorderseite**: Nr. 21
1 **Rückseite**: Nr. 21
2 **Eingriffe**: Nr. 20
1 **Aufhänger**: 11 cm x 4 cm
1 **Schrägband**: 23 cm x 3,6 cm

Eckiger Topflappen
1 **Vorderseite**: 22 cm x 22 cm
1 **Rückseite**: 22 cm x 22 cm
2 **Eingriffe**: 14 cm x 22 cm
1 **Aufhänger**: 11 cm x 4 cm
1 **Schrägband**: 23 cm x 3,6 cm

Diese Topflappen können Sie sofort im Doppelpack nähen. Ob rund oder eckig, die Verarbeitung ist nicht besonders schwierig, das Ergebnis ist aber durchaus sehenswert.
Beide Varianten haben auf der Vorderseite einen Öffnung zum Hineingreifen, die mit einer Zacken- oder Bommellitze verziert wurde.
Damit Sie sich auf keinen Fall die Finger verbrennen, sollten Sie sich unbedingt für ein dickes Volumenvlies als Zwischenschicht entscheiden.

So funktioniert's

Zuschnitt: Für den runden Topflappen die Schnittmuster Nr. 20/21 aus der Schnittmusterseite 132 kopieren und laut Beschriftung aus allen Materialien zuschneiden. Für den eckigen Topflappen die einzelnen Schnittteile laut oben stehender Auflistung zuschneiden und alle Ecken mit einem kleinen, runden Gegenstand abrunden. Den überstehenden Stoff der Ecken abschneiden.

Vorbereitung

Das Volumenvlies und die Vlieseline auf die linken Stoffseiten der jeweiligen Schnittteile aufbügeln. Die Vorderseite diagonal in Abständen von 2 cm absteppen. Anschließend nochmals in entgegengesetzter Richtung diagonal übernähen.

Verarbeitung

1. **Eingriff:** Die beiden Schnittteile für die Greif-Öffnung 1–2 mm breit links auf links aufeinandersteppen.

2. **Einfassen:** Den Stoffstreifen zum Einfassen an den beiden langen Seiten 8 mm nach links umbügeln. Dann nochmals zur Hälfte bügeln, über die gerade Stoffkante schieben und knappkantig feststeppen.

3. Über die eingefasste Kante eine Bommellitze, Zackenlitze oder ein anderes Schmuckband aufsteppen.

4. **Aufhänger:** Die langen Kanten des Stoffstreifens 1 cm nach links umbügeln, dann nochmals zur Hälfte falten und knappkantig feststeppen. Dann zur Schlaufe falten und mittig an die Vorderseite des Topflappens nähen.

2

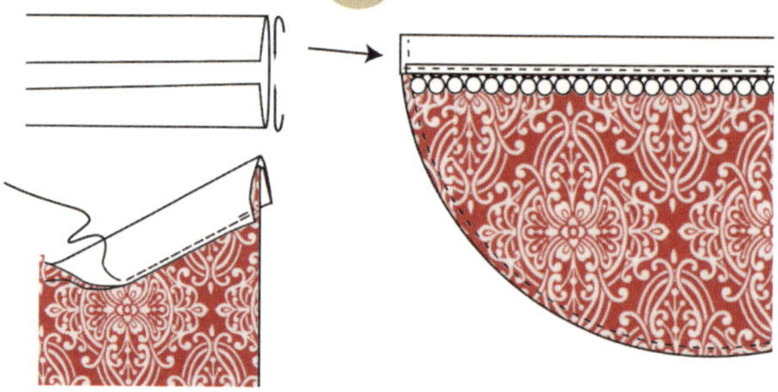

4

5. Greif-Öffnung: Das entsprechende Schnittteil kantengleich und etwa 1-2 mm breit auf die wattierte Vorderseite des Topflappens steppen.

5

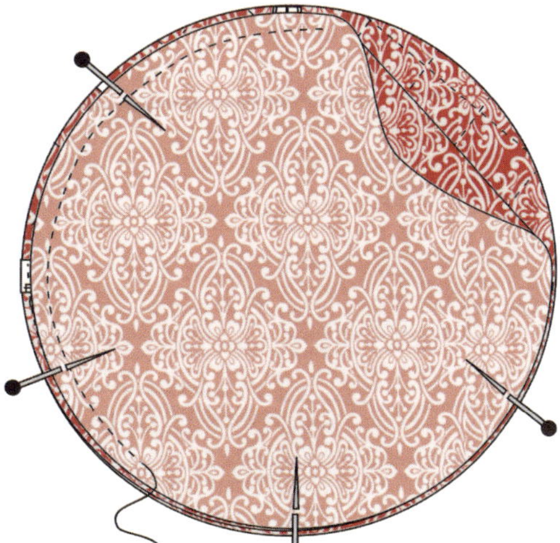

6

6. Verstürzen: Vorder- und Rückseite des Topflappens rechts auf rechts aufeinandersteppen, dabei an einer Seite eine ca. 6 cm breite Öffnung zum Wenden offen lassen. Die Nahtzugaben auf 2-3 mm zurückschneiden, das Teil durch die Öffnung wenden. Die Naht mit den Fingern herausrollen und die Kanten bügeln.

7. Öffnung: Die Öffnung mit einigen Handstichen zunähen.

Patchworkdecke

Jelly Roll (35 Streifen)

einfarbigen Baumwollstoff

Volumenvlies

Den Zuschnitt und den ungefähren Stoffverbrauch für die Patchworkdecke entnehmen Sie bitte der nächsten Seite.

„Jelly Roll" werden diese wunderschönen Rollen mit Stoffzuschnitten bezeichnet, die im allgemeinen **6,25 cm x 1,10 m** groß sind. Für diejenigen, die gerne nähen, aber den Zeitaufwand für den Zuschnitt scheuen, sind sie die Lösung, um sofort mit dem ersten Projekt durchzustarten. Alle Farben sind mehrmals im Paket vorhanden und passen perfekt zueinander. Da die Streifen aber nur 1,10 m lang sind, eine Decke in den meisten Fällen aber etwas breiter sein soll, kaufen Sie kurzerhand ein Stück unifarbenen Stoff für die Zwischenstreifen und zum Verstürzen der Rückseite.

So funktioniert's

Zuschnitt: Von den unterschiedlich **gemusterten Stoffstreifen** schneiden Sie sich 70 Streifen zu. Jeder Streifen ist 55 cm lang und 6,25 cm breit. Sie halbieren also jeden Jelly-Roll-Streifen.
Aus dem **unifarbenen Stoff** schneiden Sie unten stehende Streifen zu. Bei allen Maßangaben wurden in der Länge jeweils 2-4 cm hinzugegeben, um kleine Unregelmäßigkeiten beim Zusammennähen in der Länge ausgleichen zu können. Die überstehenden Enden werden anschließend zurückgeschnitten.

5 x Nr. 1: 14 cm x 33 cm
4 x Nr. 2: 8 cm x 1,20 m
2 x Nr. 3: 14 cm x 1,75 m
2 x Nr. 4: 12 cm x 1,40 cm
1 x Nr. 5: 1,45 m x 2,00 m (Rückseite und Volumenvlies/Grobzuschnitt)

Siehe auch Zeichnung 4

Verarbeitung

1. Gemusterte Felder: Je sieben gemusterte Stoffstreifen an ihren langen Kanten rechts auf rechts aneinandernähen, die Nahtzugaben jeweils auseinanderbügeln. Zehn solcher Felder nähen.

2. Vorderseite: An fünf der fertigen Patchworkfelder nähen Sie nun **seitlich** einen unifarbenen Stoffstreifen **(Nr. 1)**. Auch hier die Nahtzugaben sorgfältig auseinanderbügeln und den überstehenden Stoff exakt abschneiden.

3. Mittelstreifen: An den Mittelstreifen **Nr. 1** wird nun das zweite Patchworkfeld genäht, alle Nähte flachbügeln.

4. Zwischenstreifen: An die langen Kanten der beiden zusammengenähten Felder nähen Sie nun den ersten langen Zwischenstreifen **(Nr. 2)**. Die Nahtzugaben auch hier wieder auseinanderbügeln und die Mehrlänge des Unistreifens abschneiden.
Nach diesem Schema, siehe Zeichnung oben rechts, nähen Sie auch die Stoffstreifen **Nr. 3** und **4** um die Patckworkfläche.

1

5. Volumenvlies: Nachdem Sie nun die Vorderseite fertiggestellt haben, legen Sie diese mit der linken Stoffseite auf das Volumenvlies und nähen den Stoff 1-2 mm breit auf dem Vlies fest, bevor Sie die überstehenden Kanten des Volumenvlieses abschneiden.

6. Verstürzen: Legen Sie nun Vorder- und Rückseite der Decke rechts auf rechts (die Rückseite ist größer) und steppen Sie alle Kanten ringsum aufeinander. Nur an einer kurzen Seite lassen Sie eine 35 cm lange Kante zum Wenden offen.
Den überstehenden Stoff der Rückseite sowie die Ecken schneiden Sie schräg ab, bevor Sie die Decke durch die Öffnung wenden. Anschließend werden die Kanten flachgebügelt und die Ecken vorsichtig mit einer Schere herausgedrückt. Die Öffnung nähen Sie dann mit einigen Handstichen zu.

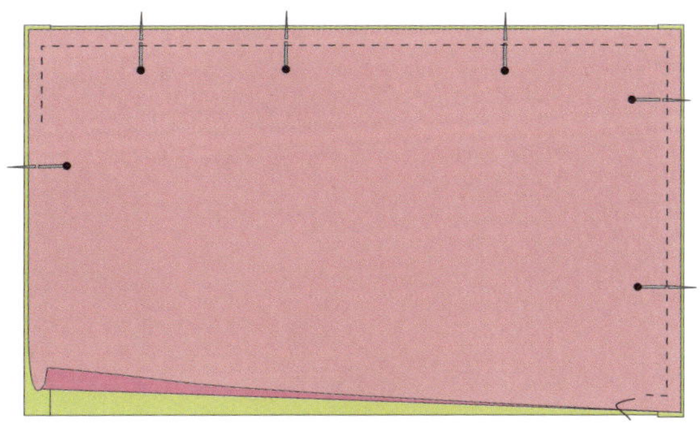

6

7. Stepplinien: Damit die Stoff- und Vlieslagen sich nicht verschieben, steppen Sie die gesamte Decke ringsum 3 cm breit ab. Durch kleine Riegel innerhalb der Nahtlinien erhält die Decke noch mehr Stabilität.

Für die Reise

MERIAN

CD-Tasche

festen Baumwollstoff:
50 cm x 35 cm

aufbügelbares Volumenvlies:
33 cm x 40 cm

1 Knopf

Baumwollstoff

2 Klappenteile: Nr. 26

2 Taschenteile: 16 cm x 35 cm

Volumenvlies

2 Taschenteile: 16 cm x 35 cm

1 Taschenteil: 16 cm x 35 cm

Ein kleines Täschchen mit vielen Einsatzmöglichkeiten. Neben CDs finden natürlich auch andere Sachen in diesem Täschchen **(14 cm x 15 cm)** ihren Platz. Es wird aus zwei Rechtecken und einem verstürzten Klappenteil genäht.
Zwischen den Stoffen liegt eine Schicht Volumenvlies, das mit einem Bügeltuch aufgebügelt wird. Besonders hübsch sieht es aus, wenn Sie einen Knopf mit Stoff beziehen oder sich für ein anderes Exemplar im edlen Look entscheiden.

So funktioniert's

Zuschnitt: Das Schnittmuster für das Klappenteil Nr. 26 aus Schnittmusterseite 130 kopieren, ausschneiden und aus dem entsprechenden Stoff und Vlieseline zuschneiden.

Vorbereitung

Jeweils auf die linke Stoffseite des äußeren Taschen- und Klappenteils Volumenvlies aufbügeln, hierzu ein Bügeltuch verwenden. Die Schnittteile ggf. diagonal absteppen.

Verarbeitung

1. Seitennähte: Das Stoffrechteck für das äußere Taschenteil quer durch die Mitte rechts auf rechts falten und die Seitennähte steppen. Die Nahtzugaben an den Ecken schräg abschneiden, das Teil wenden und die Kanten bügeln. Diesen Arbeitsschritt auch für die Innentasche durchführen, hierbei aber an einer Seite eine ca. 8 cm lange Öffnung zum Wenden offen lassen.

2. Verstürzen: Innen- und Außentasche rechts auf rechts ineinanderschieben und entlang der oberen Kante aufeinandersteppen. Die Nahtzugaben auf 3 mm zurückschneiden. Die Tasche durch die Öffnung wenden und die obere Kante bügeln. Die Öffnung mit einigen Handstichen zunähen.

1

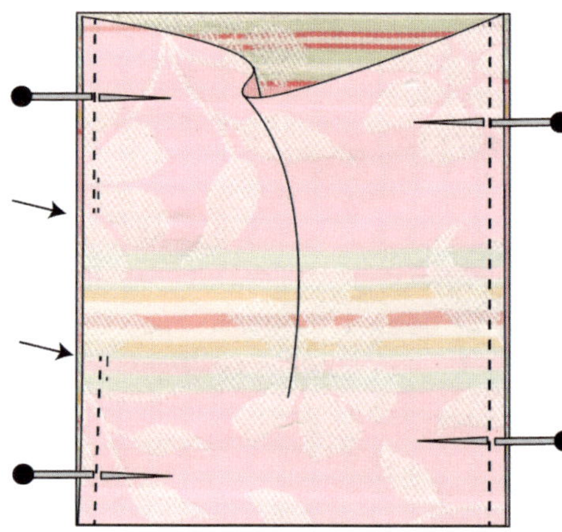

2

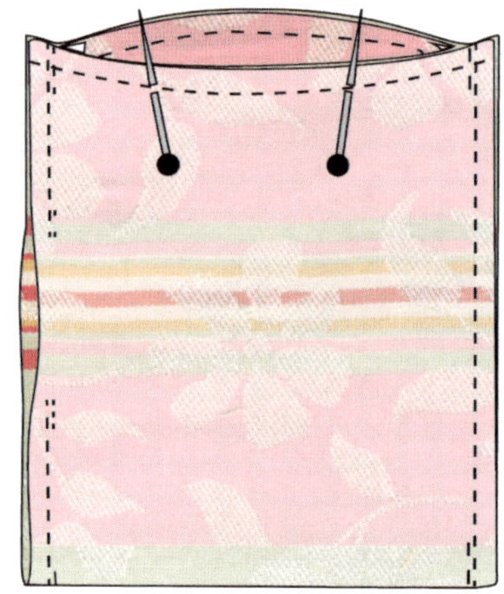

3. Taschenklappe: Die fertige Taschenklappe wird später in das verstürzte Taschenteil geschoben und dort festgenäht. Je nach Beschaffenheit des Stoffes muss die Klappenbreite auf die innere Taschenbreite abgestimmt werden. Nehmen Sie ggf. Korrekturen am Klappenschnittmuster vor.

a) Die beiden Klappenteile rechts auf rechts legen und entlang der geschwungenen Kante aufeinandersteppen.

b) Die Nahtzugaben auf 2 mm zurückschneiden, an den Rundungen eventuell bis knapp vor die Nahtlinie einschneiden. Die beiden Klappenteile auf die rechte Seite wenden, die Nahtzugaben mit den Fingern herausrollen und die Kanten bügeln.

c) In die Vorderseite des Klappenteils ein Knopfloch einarbeiten. Die Größe des Knopfloches auf den Knopf abstimmen.

d) Die Nahtzugaben an der geraden Klappenkante versäubern.
Das Klappenteil dann ca. 1-1,5 cm weit ins Taschenteil schieben und an der oberen Taschenkante festnähen. Diesen Arbeitsgang entweder von Hand oder mit der Maschine durchführen. Ganz zum Schluss den Knopf annähen.

3a

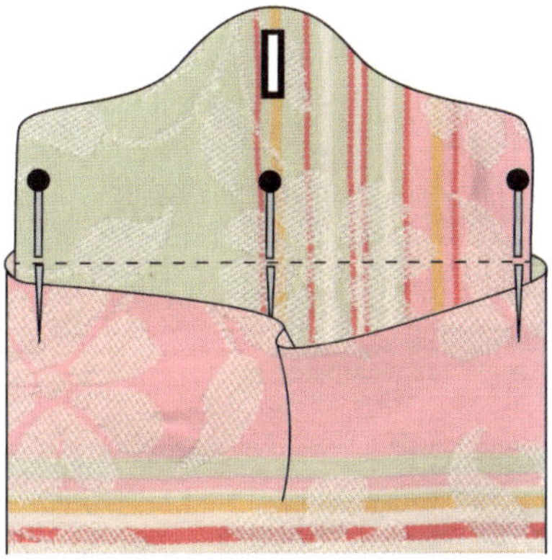

3d

Reisetasche

festen Baumwollstoff:
50 cm x 1,40 m

Baumwollfutter:
50 cm x 1,40 m

Volumenvlies: 1,35 cm x 50 cm

Reißverschluss: 65 cm

Snap-Pap: 1,40 m x 40 cm

Baumwollstoff
2 Taschenteile: 46 cm x 65 cm
2 Futtertaschenteile: 46 cm x 65 cm
4 Blenden: Nr. 23

Snap-Pap
1 Taschenboden: Nr. 28
2 Tragegriffe: 1,40 m x 5 cm

Volumenvlies
2 Taschenteile: 46 cm x 65 cm

Mit dieser Reisetasche sind Sie für jeden Wochenendtrip bestens gerüstet. Besonders gut kommt das lederähnliche Material für den Griff und auch für den Boden zur Geltung, ein neues Material, welches sich „Snap-Pap" nennt. Es handelt sich dabei um ein Papier, das sich vernähen, plotten, kleben, mit Transferfolie bedrucken, bemalen, bestempeln, prägen und bügeln lässt Es lässt sich auch waschen, wodurch es einen leichten Knittereffekt bekommt und einem Lederimitat sehr ähnelt. Eine tolle Alternative zum Leder, welches wesentlich schwerer zu verarbeiten ist.

So funktioniert's

Zuschnitt: Alle Schnittteile laut Auflistung zuschneiden. Die 4 Blendenteile Nr. 23 von Seite 136 aus Stoff zuschneiden. Die Schemazeichnung Nr. 28 für den Boden (Seite 138) nach den angegebenen Maßen in Originalgröße aus Snap-Pap zuschneiden.

Vorbereitung

Jeweils auf die linke Stoffseite der beiden äußeren Taschenteile Volumenvlies aufbügeln, hierzu ein Bügeltuch verwenden. Die Schnittteile diagonal absteppen.

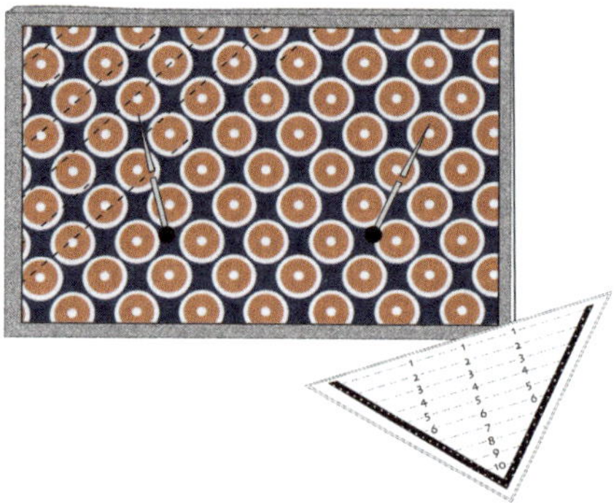

Verarbeitung

1. Mittelnaht: Die beiden Stoffrechtecke für Außen- und Innentasche entlang der 65 cm langen Kante rechts auf rechts aneinandersteppen, die Nahtzugaben auseinanderbügeln. Diesen Arbeitsschritt auch für die Futtertasche durchführen.

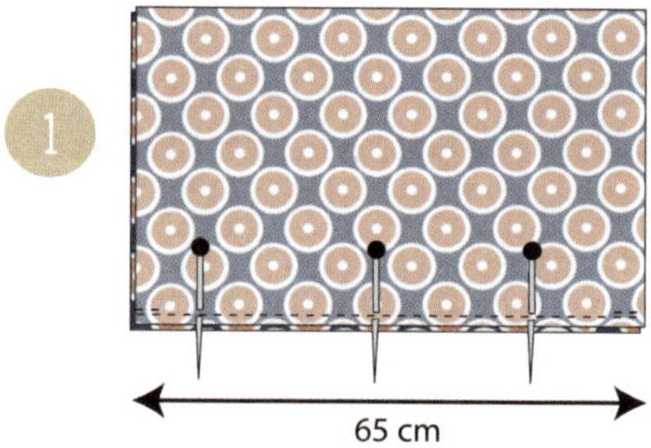

2. Taschengriffe: Die beiden Taschengriffe 17 cm von den Außenkanten und 7 cm von der oberen Taschenkante entfernt feststecken. Die Griffe dann gemäß Foto ringsum knappkantig festnähen, zur Stabilisierung nochmals eine Quer- und eine Diagonalnaht aufsteppen.

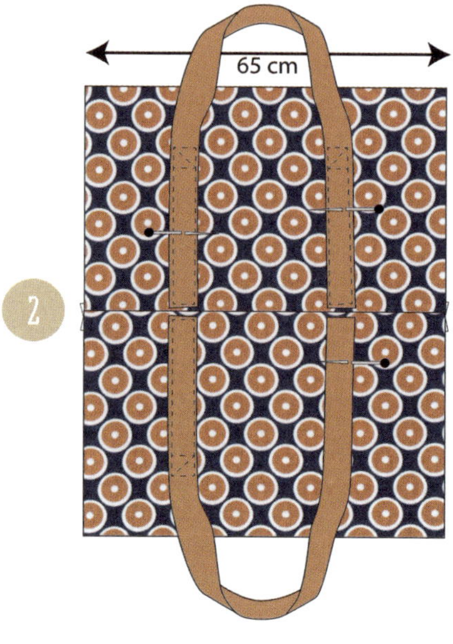

3. **Taschenboden:** Nach dem Feststeppen der Taschengriffe nähen Sie nun mittig den exakt zugeschnittenen Boden fest. Anschließend schneiden Sie entlang der Mittelnaht den Stoff aus den Aussparungen heraus, damit die Ecken nicht zu dick werden.

4. **Seitennähte:** Die beiden Taschenhälften rechts auf rechts aufeinanderlegen und die Seitennähte schließen. Die Nahtzugaben auseinanderbügeln. Diesen Arbeitsschritt an Futter- und Außentasche durchführen.

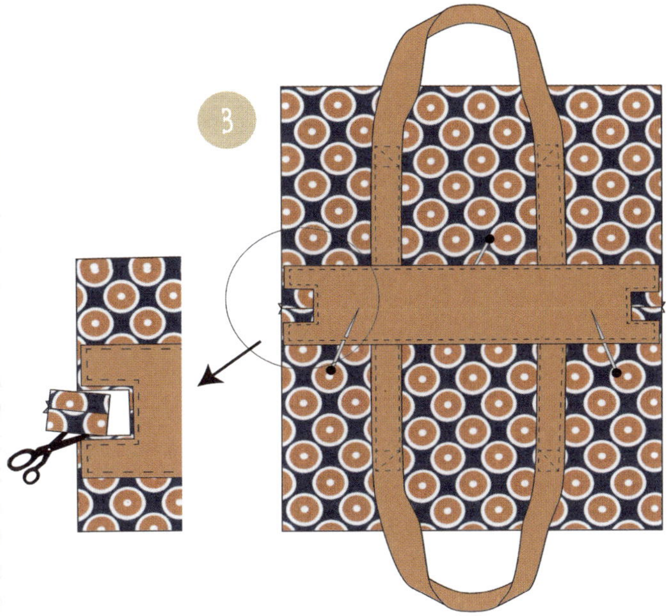

5. **Ecken/Außentasche:** Legen Sie die Seiten- und die untere Mittelnaht rechts auf rechts aufeinander und steppen Sie die Ecke laut Abbildung ab. **Innentasche:** Die Innentasche genauso wie die Außentasche nähen, hier ergibt sich dabei eine kleine spitze Tüte, die Sie nicht abschneiden.

6. **Reißverschluss:** Steppen Sie nun den Reißverschluss mit der Oberseite an die rechte Stoffseite der Außentasche. An einer Taschenseite schließt der Reißverschluss bündig mit der Seitennaht ab, an der gegenüberliegenden Seite steht er einige Zentimeter über.

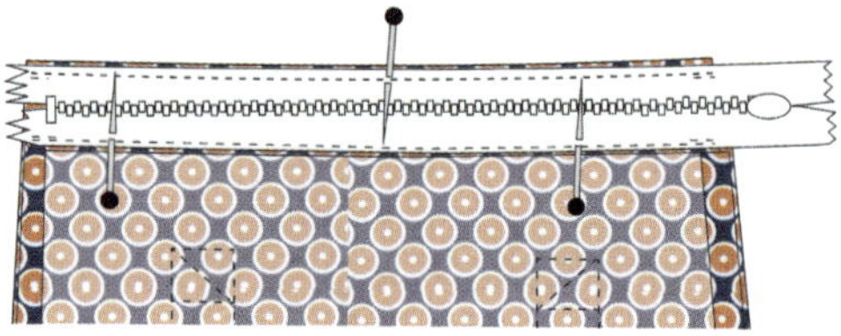

6

7. **Futtertasche:** Die Futter- und Außentasche links auf links ineinanderschieben. Die Nahtzugabe der Innentasche entlang des Reißverschlusses 1 cm nach links einschlagen und mit kleinen Handstichen am Reißverschlussband festnähen.

8

8

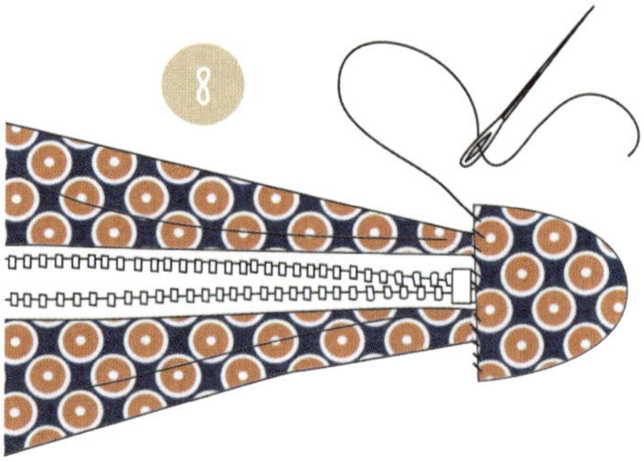

8

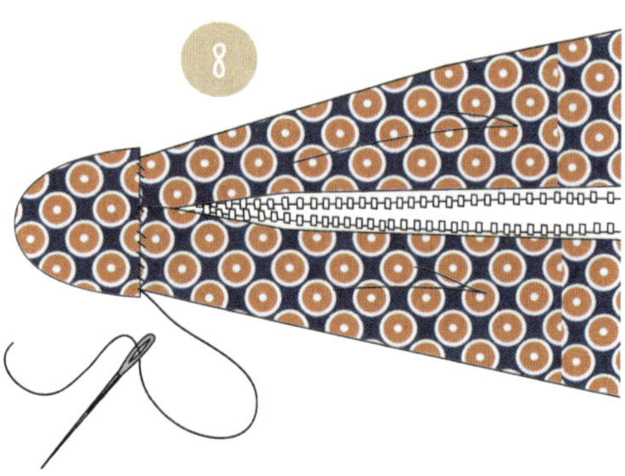

8. **Blenden:** Je zwei Schnittteile für die Blenden jeweils rechts auf rechts, entlang der runden Kante, aufeinandersteppen. Die Nahtzugaben auf 2 mm zurückschneiden, das Teil auf die rechte Seite wenden und die Kanten bügeln. Die Nahtzgaben an der offenen Kante 1 cm nach innen einschlagen. Die beiden Blenden laut Zeichnung über die Reißverschluss-Taschenenden schieben und mit kleinen Handstichen festnähen.

9. **Tragegriff:** Die beiden Tragegriffe der Länge nach mittig falten und knappkantig aufeinandersteppen.

10. **Applikation:** Ganz nach Wunsch einen Rest des Snap-Paps mit einer Zackenschere zurechtschneiden, bedrucken und auf die Vorderseite der Tasche aufsteppen.

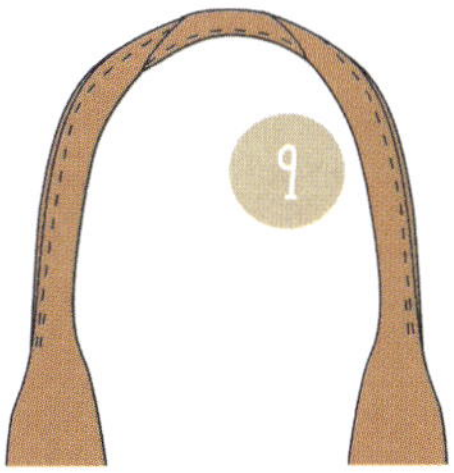

Dokumentenmappe

Einkaufstasche/Kunststoffgewebe
Baumwollstoffrest
Tischdeckenfolie
vorfalztes Schrägband: 70 cm
kleinen Knopf

1 Außenseite/Kunststoffgewebe: 25 cm x 32 cm
1 Innenteil/Baumwolle: 25 cm x 32 cm
2 Einschubteile/Folie: 11 cm x 25 cm
2 Schrägstreifen: 28 cm
1 Schrägstreifen/Schlaufe: 8 cm

Diese Dokumentenmappe **(15 cm x 23 cm)**, die aus einer alten Einkaufstasche genäht wurde, ist ein praktischer Begleiter für jede Reise. Im Inneren der Mappe bieten zwei kleine und ein größeres Einschubfach aus Folie ausreichend Platz für Reisepässe sowie Flug- oder Bahntickets. Die Folienschnittteile werden mit vorgefalztem Schrägband eingefasst, aus dem ebenfalls eine kleine Schlaufe zum Schließen der Mappe genäht wird. Das Kunststoffgewebe lässt sich nur bedingt mit einem lauwarmen Bügeleisen flachbügeln, die Nähte können aber auch mit dem Fingernagel auseinander- und glattgestrichen werden.

So funktioniert's

Zuschnitt: Alle Schnittteile laut Auflistung zuschneiden.

Verarbeitung

1. Schlaufe: Den vorgebügelten Einfassstreifen der Länge nach noch einmal falten, bügeln und beide Kanten knappkantig aufeinandersteppen.

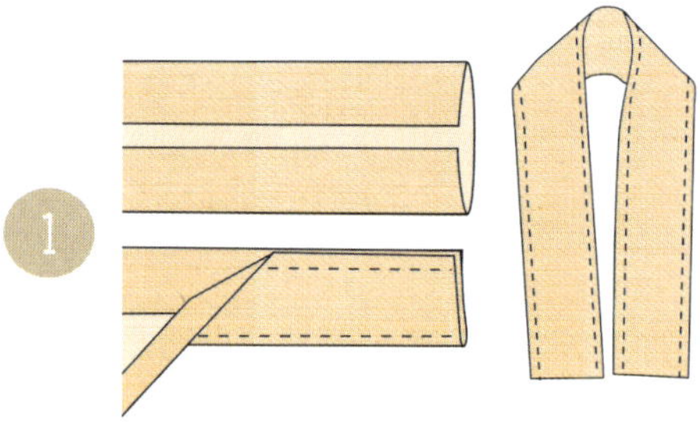

2. Einfassen: Jeweils eine lange Kante an beiden Folienschnittteilen einfassen. Dazu den Einfassstreifen mit der breiteren Kante nach unten über die lange Seite schieben und dann knappkantig von oben feststeppen.

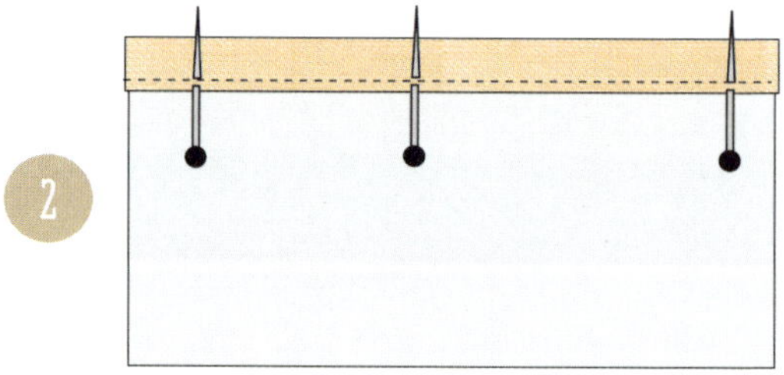

3. Einschubfächer: Die beiden Einschubfächer aus Folie auf die Innenseite der Dokumentenhülle stecken. Achten Sie darauf, dass Sie die Nadeln an später nicht sichtbaren Stellen platzieren. Die beiden Folienteile sowie die Schlaufe laut Abbildung 1-2 mm breit, also innerhalb der Nahtzugaben, aufsteppen.

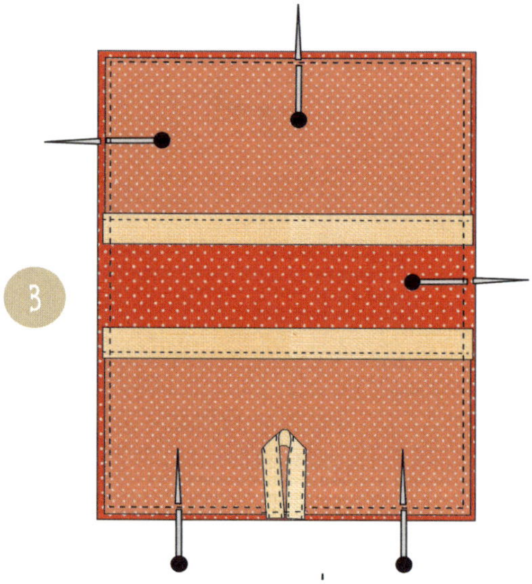

4. Verstürzen: Innen- und Außenseite der Hülle rechts auf rechts aufeinandersteppen, dabei mittig an einer langen Seite eine 8 cm breite Öffnung zum Wenden frei lassen. Die Ecken mit einer Schere schräg abschneiden.
Die Dokumentenhülle durch die Öffnung wenden, die Ecken vorsichtig mit einer Schere herausdrücken. Die Kanten mit einem lauwarmen Bügeleisen flachbügeln oder mit dem Fingernagel glattstreichen.

4

5. Knopf: Den Knopf mit einem doppelt gelegten Nähgarnfaden oder mit Zwirn festnähen.

5

Strandmatte

verschiedenfarbige Baumwollstoffe

waschbares Volumenvlies: 80 cm x 2,00 m

Baumwollstoff

Vorderseite: unterschiedlich breite Streifen, je 72 cm lang

Rückseite: 75 cm x 1,95 m

Volumenvlies Innenschicht: 75 cm x 1,95 m

Diese Patchworkdecke **(70 cm x 1,90 m)** ist nicht nur der ideale Begleiter für den Strand. Auch als Auflage für Liegestühle, beim Camping oder einfach nur als weiche Picknickdecke leistet sie beste Dienste. Sie wird aus vielen unterschiedlichen Baumwollstoffresten genäht und ihre Innenschicht besteht aus einem waschbaren Volumenvlies, welches beim Verstürzen von Vorder- und Rückseite zwischengefasst wird. Für die Vorderseite können Sie Stoffstreifen in verschiedenen Breiten zuschneiden, für die Rückseite verwenden Sie ein durchgängiges Stoffstück.

So funktioniert's

Zuschnitt: Alle Schnittteile laut Auflistung zuschneiden. Aus den gemusterten Baumwollstoffen so viele 72 cm lange Streifen zuschneiden, dass sie nach dem Zusammennähen eine Länge von 1,92 m ergeben. Die Breite der einzelnen Streifen kann variieren, sie sollten aber mindestens 3 cm breit sein.

Verarbeitung

1. Nähte: Zwei Stroffstreifen rechts auf rechts aneinandernähen, die Nahtzugaben auseinanderbügeln. Nun den dritten Streifen rechts auf rechts annähen, auch hier die Nahtzugaben auseinanderbügeln. Auf diese Art und Weise fortfahren, bis eine Gesamtlänge von 1,92 m erreicht ist.

2. Volumenvlies: Die fertige Vorderseite der Decke legen Sie nun mit der linken Seite auf das Volumenvlies und stecken sie ganzflächig mit Nadeln fest. Anschließend den Stoff knappkantig, also ca. 1-2 mm breit, auf dem Vlies rundum festnähen. Das überstehende Volumenvlies anschließend ringsum abschneiden.

3. Verstürzen: Die Vorder- und Rückseite der Decke jetzt rechts auf rechts legen und auch diese beiden Stofflagen wieder mit Nadeln ringsum aufeinander feststecken.
Nähen Sie die Außenkanten aufeinander. Lassen Sie aber an einer kurzen Seite eine ungefähr 30 cm breite Öffnung zum Wenden frei. Vor dem Wenden schneiden Sie die Nahtzugaben an den Ecken schräg ab.

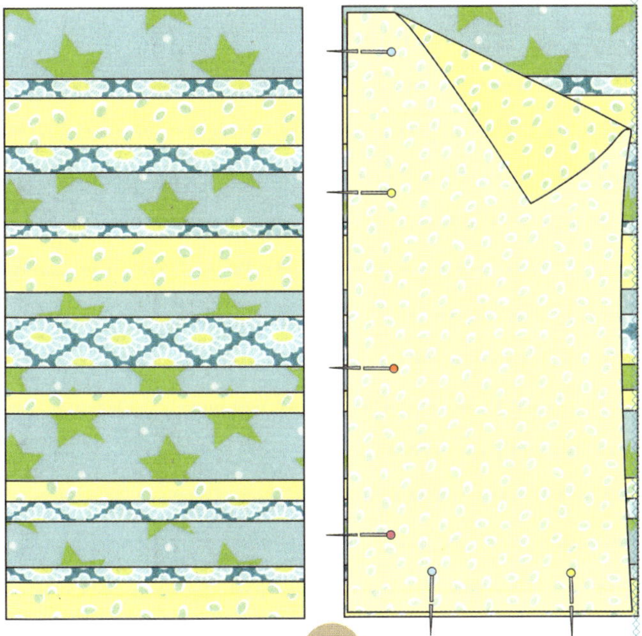

3

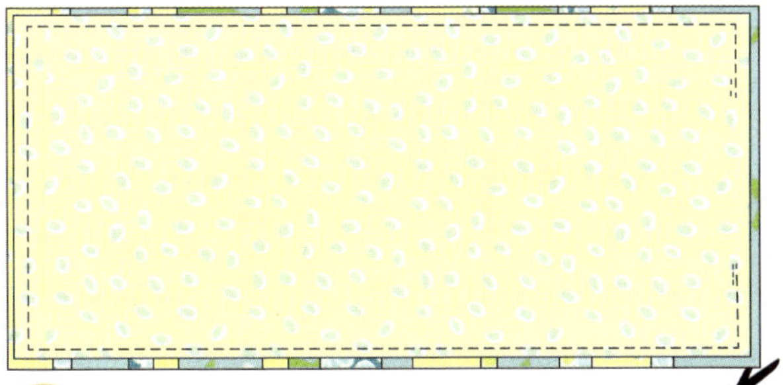

3

4. Wenden: Die Decke durch die Öffnung wenden und die Ecken vorsichtig mit einer Schere von innen herausdrücken. Die Kanten anschließend flachbügeln und die Öffnung mit einigen Handstichen zunähen.

5. Absteppen: Zum Schluss die fertige Decke ringsum im Abstand von 3-4 cm absteppen, damit sich die einzelnen Stofflagen nicht gegeneinander verschieben können.

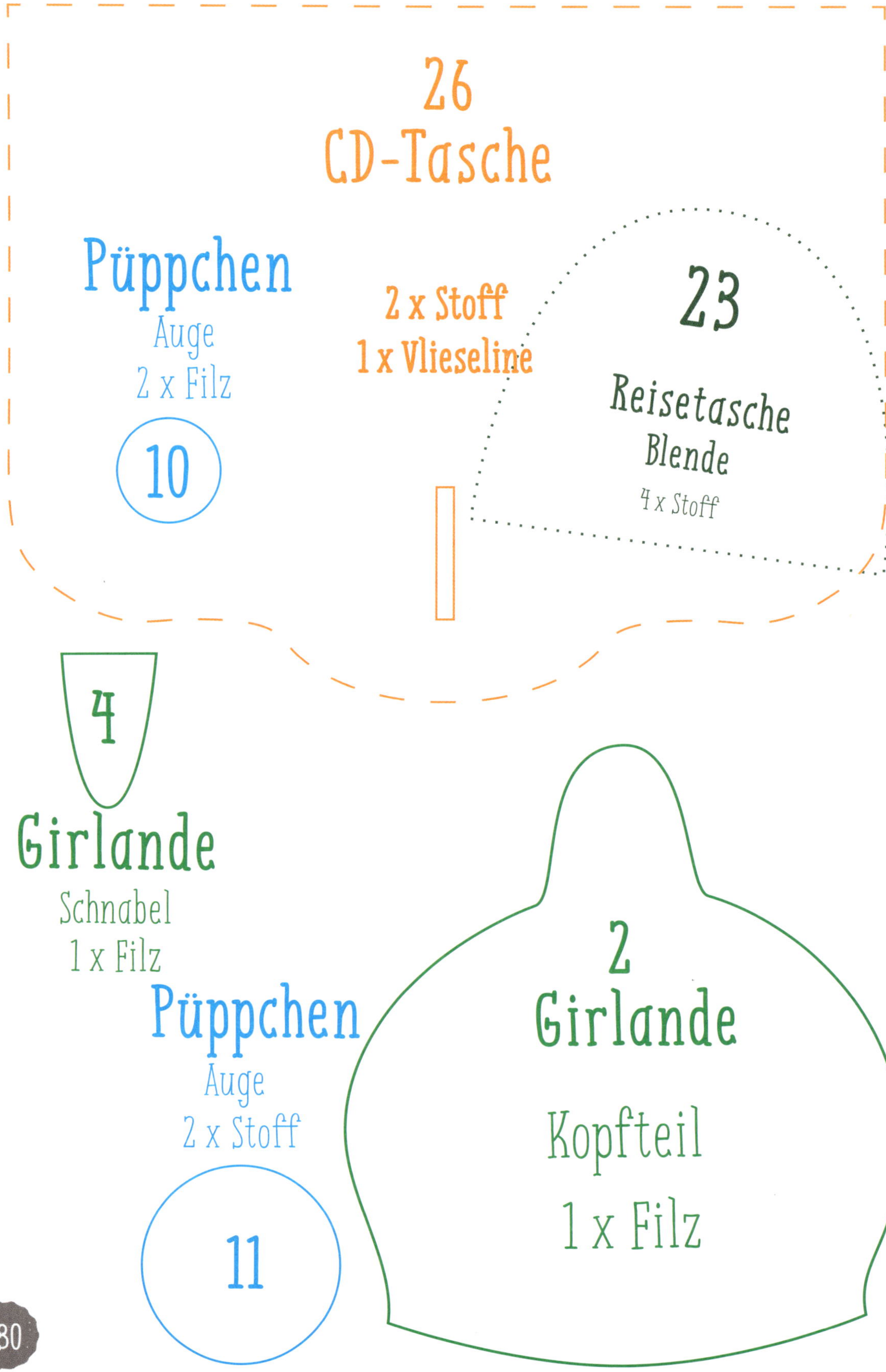
26
CD-Tasche
2 x Stoff
1 x Vlieseline
Püppchen
Auge
2 x Filz
10
23
Reisetasche
Blende
4 x Stoff
4
Girlande
Schnabel
1 x Filz
Püppchen
Auge
2 x Stoff
11
2
Girlande
Kopfteil
1 x Filz

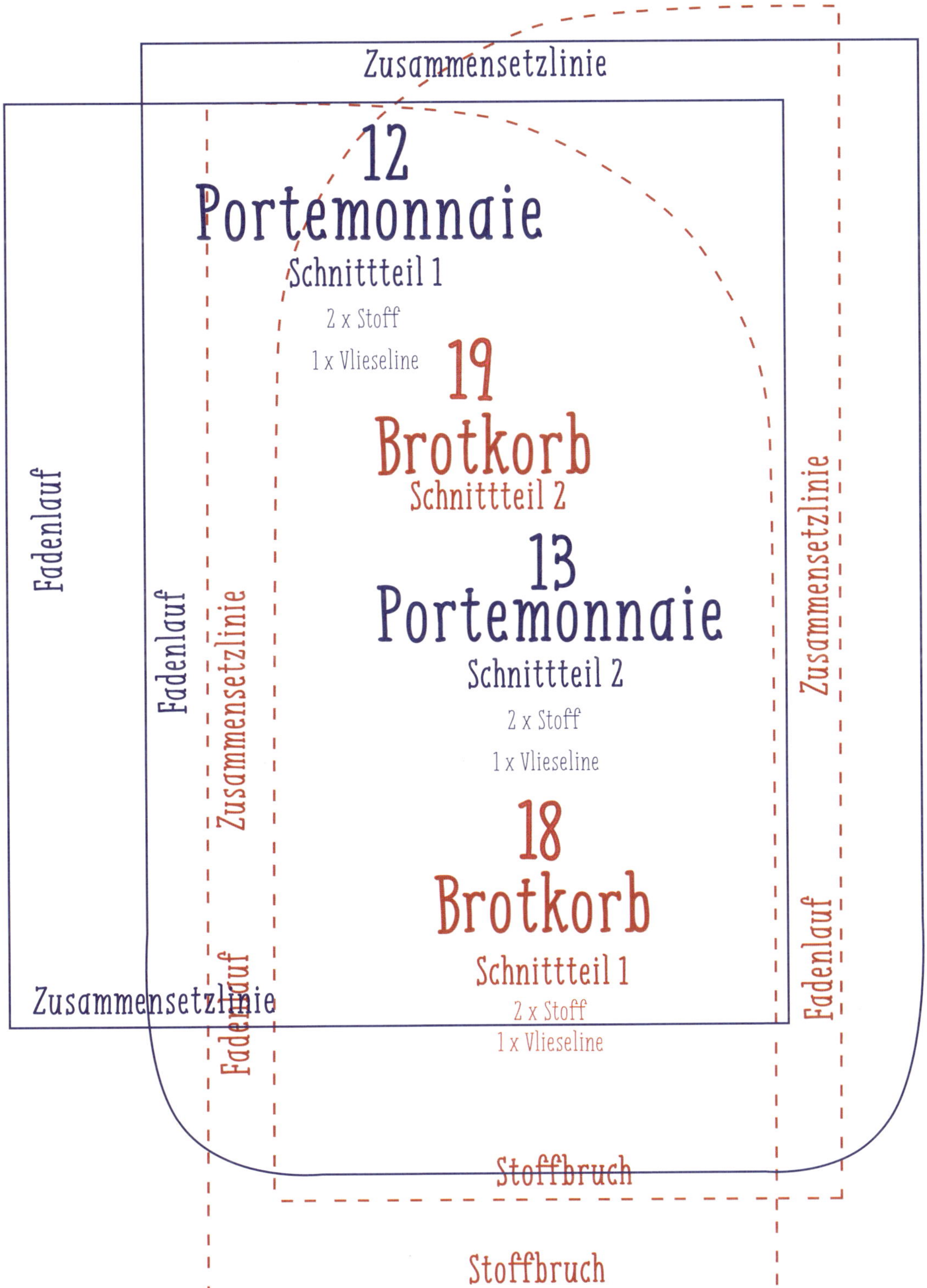
Zusammensetzlinie
12
Portemonnaie
Schnittteil 1
2 x Stoff
1 x Vlieseline
19
Brotkorb
Schnittteil 2
13
Portemonnaie
Schnittteil 2
2 x Stoff
1 x Vlieseline
18
Brotkorb
Schnittteil 1
2 x Stoff
1 x Vlieseline
Fadenlauf
Fadenlauf
Zusammensetzlinie
Zusammensetzlinie
Fadenlauf
Zusammensetzlinie
Fadenlauf
Stoffbruch
Stoffbruch

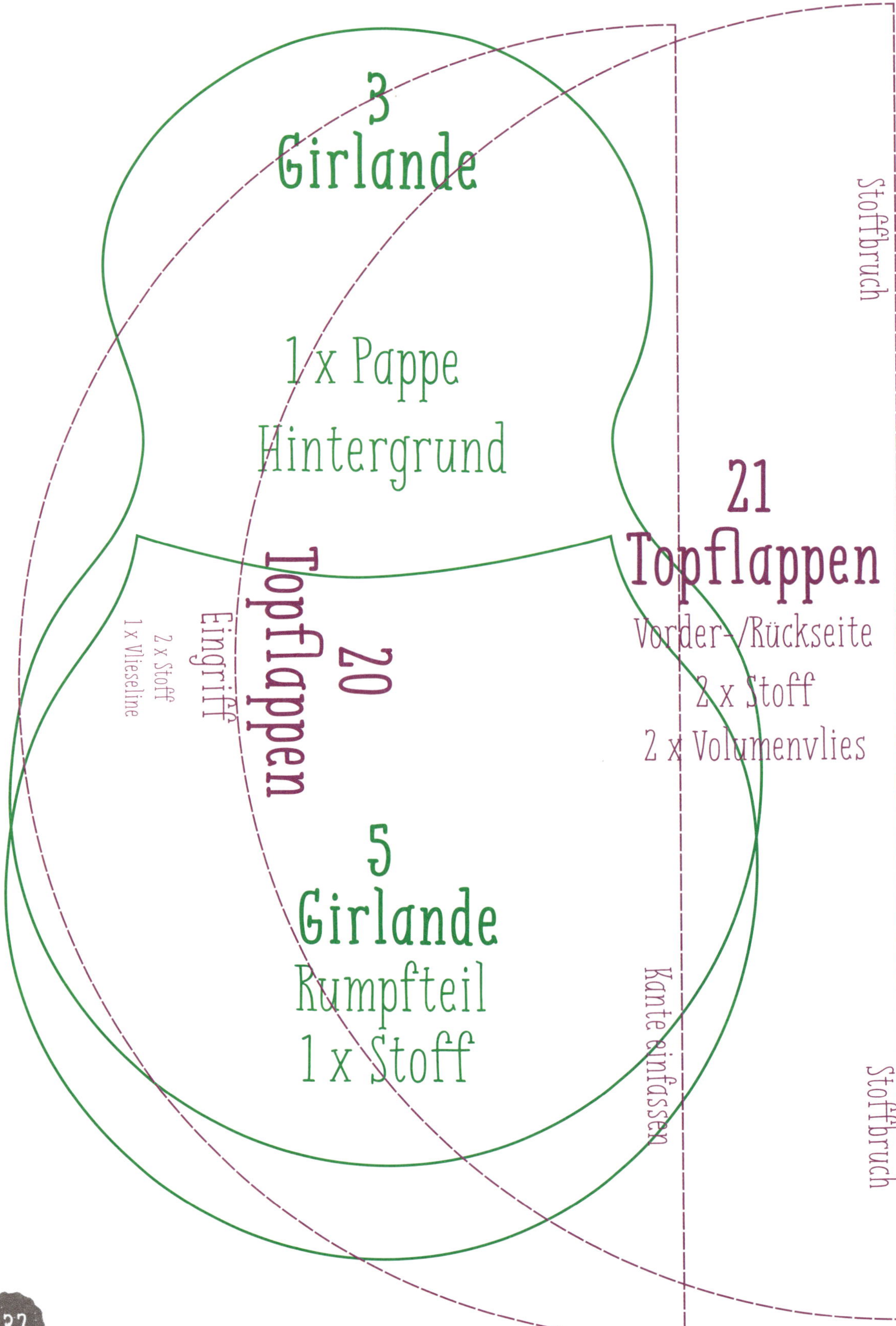
3
Girlande
1 x Pappe
Hintergrund
5
Girlande
Rumpfteil
1 x Stoff
20
Topflappen
Eingriff
2 x Stoff
1 x Vlieseline
21
Topflappen
Vorder-/Rückseite
2 x Stoff
2 x Volumenvlies
Stoffbruch
Kante einfassen
Stoffbruch

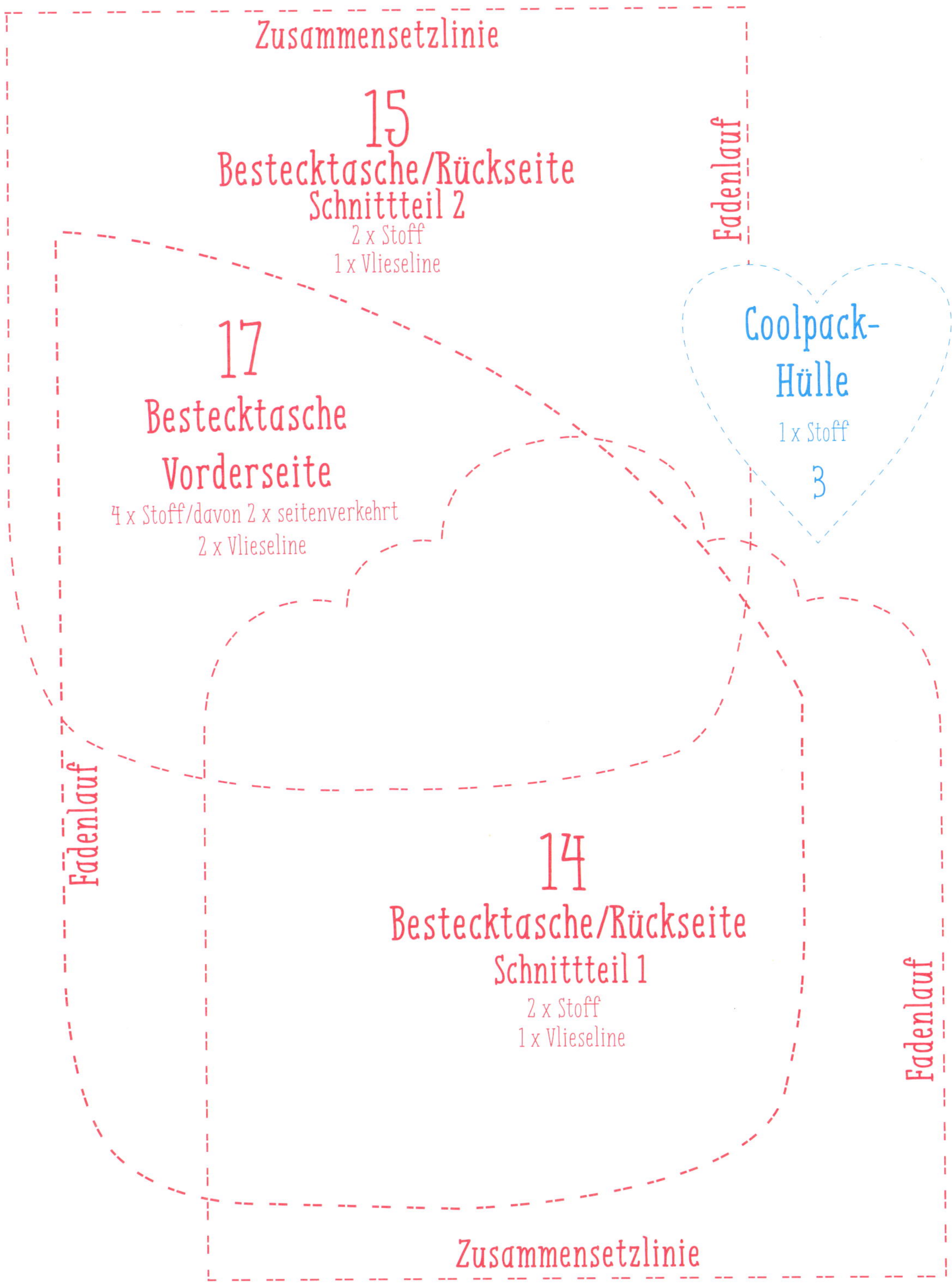
Zusammensetzlinie
15
Bestecktasche/Rückseite
Schnittteil 2
2 x Stoff
1 x Vlieseline
Fadenlauf
Coolpack-
Hülle
1 x Stoff
3
17
Bestecktasche
Vorderseite
4 x Stoff/davon 2 x seitenverkehrt
2 x Vlieseline
Fadenlauf
14
Bestecktasche/Rückseite
Schnittteil 1
2 x Stoff
1 x Vlieseline
Fadenlauf
Zusammensetzlinie

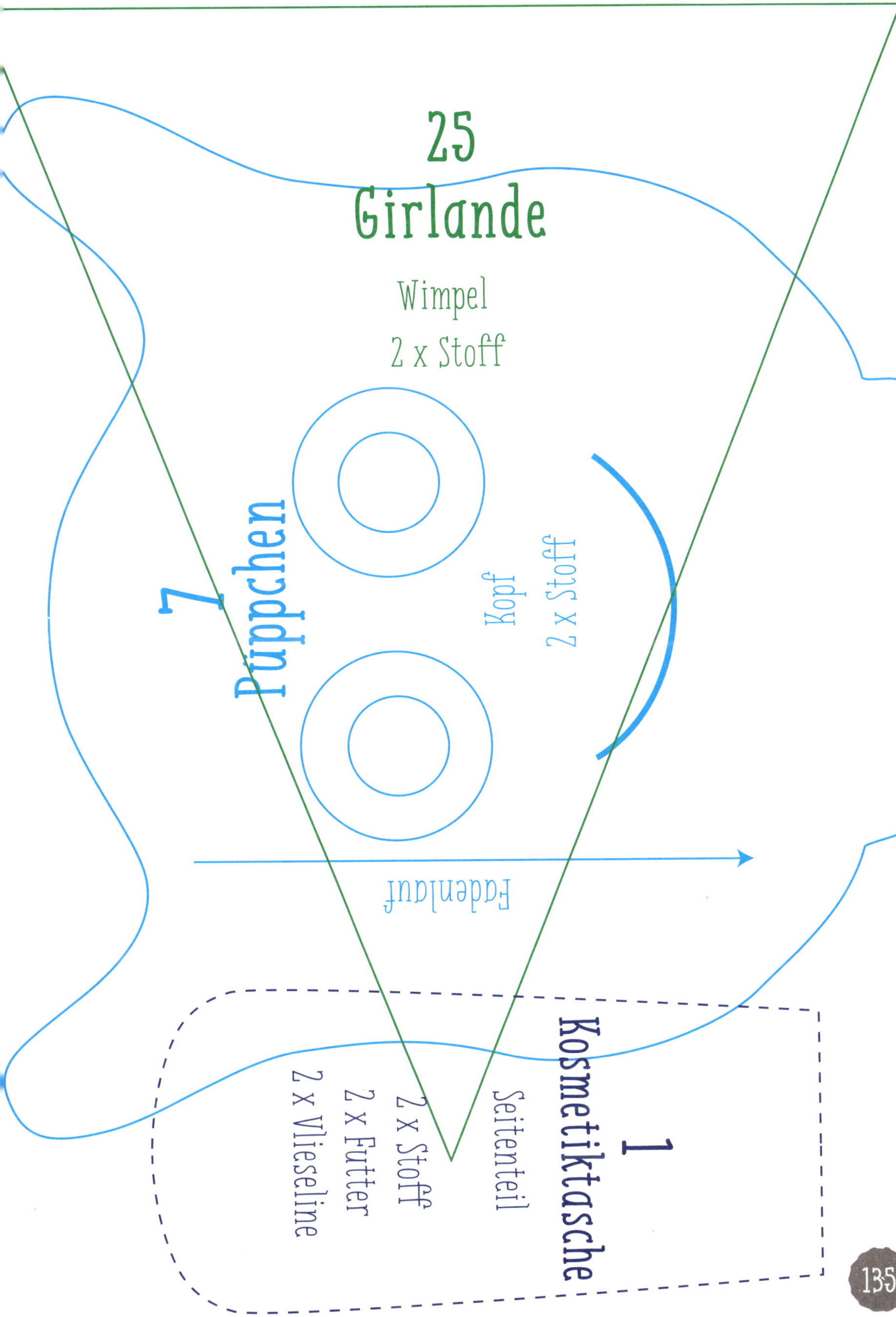
25
Girlande
Wimpel
2 x Stoff
7
Püppchen
Kopf
2 x Stoff
Fadenlauf
1
Kosmetiktasche
Seitenteil
2 x Stoff
2 x Futter
2 x Vlieseline

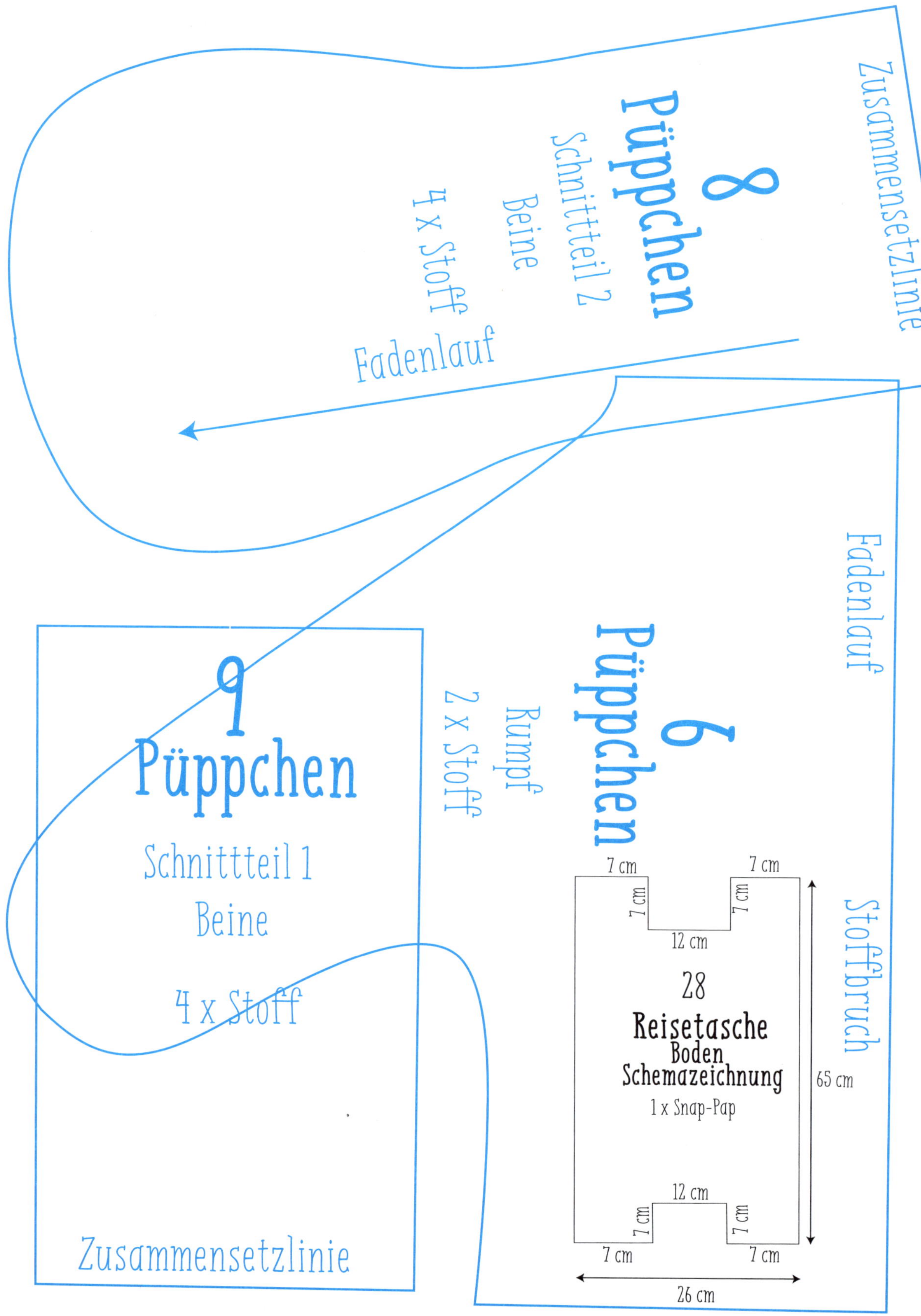

8
Püppchen
Schnittteil 2
Beine
4 x Stoff
Fadenlauf
Zusammensetzlinie
9
Püppchen
Schnittteil 1
Beine
4 x Stoff
Zusammensetzlinie
6
Püppchen
Rumpf
2 x Stoff
Fadenlauf
Stoffbruch
28
Reisetasche
Boden
Schemazeichnung
1 x Snap-Pap
7 cm
7 cm
7 cm
7 cm
12 cm
65 cm
12 cm
7 cm
7 cm
7 cm
7 cm
26 cm

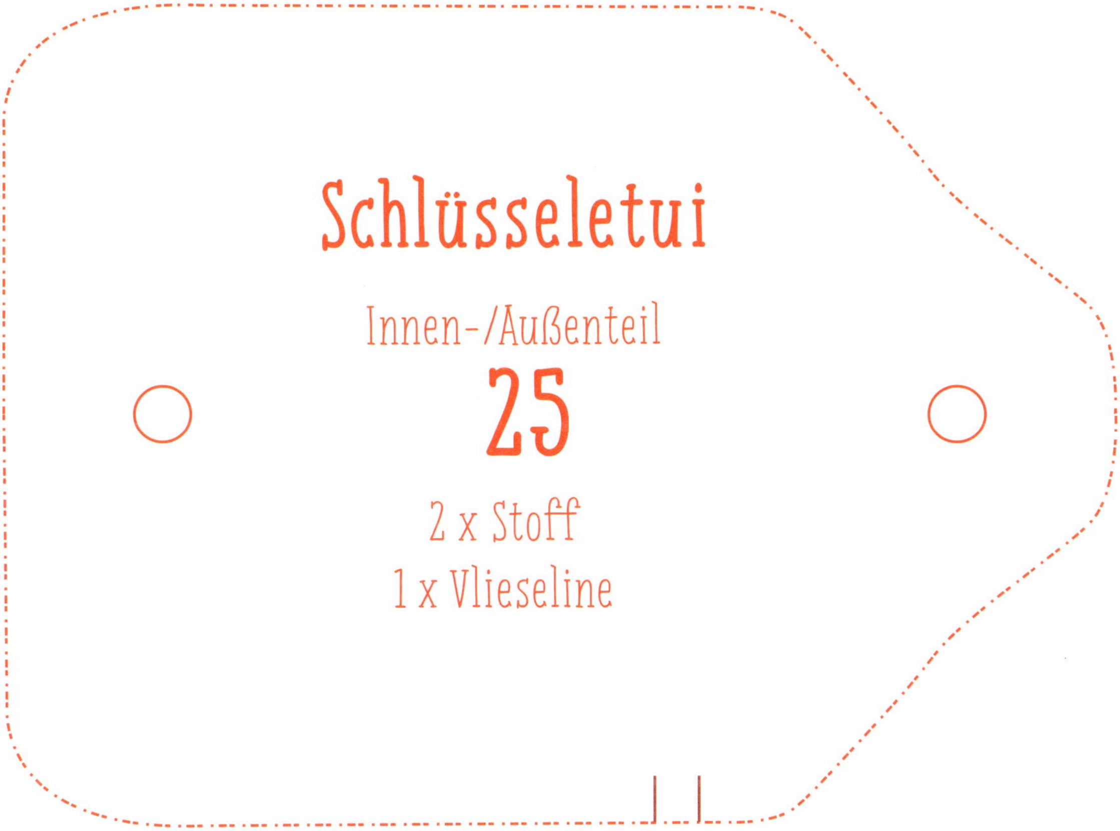

Impressum

www.herder.de
www.urania-verlag.de

Konzeption/Fotos/Text/Layout: Ruth Laing
Zeichnungen: Ruth Laing, Franziska Laing
Lektorat: Bernadette Mayr
Umschlaggestaltung: Designbüro Gestaltungssaal
Umschlagmotive: © scyther5 - shutterstock / © Ruth Laing

Herstellung: Graspo CZ, Zlín
ISBN 978-3-451-66059-7